사이카쿠가 남긴 선물

저자: 나니와 사이카쿠
역자: 김임숙

제이앤씨
Publishing Corporation

역자 서문

일본의 근세는 소설의 시대라 할 만큼 다양한 종류의 소설이 만들어졌다. 그 중 근세 전기를 대표하는 소설이 우키요조시(浮世草紙)이다. 우키요라는 말은 중세부터 보이는데 중세는 불교적인 무상관과 염세사상의 영향으로 현세를 우키요(憂世), 즉 괴로운 세상이라고 인식하였다. 하지만 근세로 접어들면서 시대가 태평하게 되자, 현세를 향락적인 것으로 인식하게 되어 우키요(浮世)라는 것은 현대, 당세, 호색의 의미로 쓰이게 된다. 우키요조시란 그러한 당대의 쵸닌(町人;도회지 상인)들의 향락생활이나 호색풍속 등을 적극적으로 다루고 있는 사실적인 풍속소설로, 효시가 되는 작품이 덴나(天和)2년(1682)에 간행된 이하라사이카쿠(井原西鶴)의 『호색일대남(好色一代男)』이다. 원래 사이카쿠는 소인(宗因)의 문하에서 하이카이시(俳諧師;근세시가인 하이카이(俳諧)를 전문으로 창작하는 사람)로 활약하였으나 스승 소인이 세상을 떠난 후에는 소설 쪽으로 관심이 옮겨가 『호색일대남』을 발표하게 되는데, 이 작품은 장난삼아 적은 것이라고 사이카쿠가 밝히고 있지만, 예상치도 못할 정도의 좋은 반응을 얻게 되어 이후 10여 년 간 유행작가로 수많은 우키요조시를 집필하게 된다.

사이카쿠의 우키요조시는 그 성격상 호색물(好色物), 쵸닌물(町人物), 무가물(武家物), 잡화물(雜話物) 등으로 분류되는데, 『사이카쿠가 남긴 선물(西鶴置土産)』은 사이카쿠의 호색물 중 가장 마지막 작품이다.

『사이카쿠가 남긴 선물(西鶴置土産)』은 겐로쿠(元禄)6년(1693) 겨울, 그해 8월에 세상을 떠난 사이카쿠를 기리기 위해 제자 호죠 단스이(北条团水)에 의해 출판되어진 유고집이다. 출판하게 된 계기는 단스이가 자신이 적은 서문에서 밝히고 있듯이, 사이카쿠의 죽음 이후 스승이 살던 사이카쿠암(西鶴庵)에 머무르게 되는데, 스승의 유품 속에서 발견한 원고를 오사카의 서점 야오진자에몽(八尾甚左衛門)이 출판을 의뢰해옴으로써 간행하게 된 것이라고 한다.

『사이카쿠가 남긴 선물(西鶴置土産))』은 5권15장의 이야기와 서문은 병상의 사이카쿠가 집필하였는데, 구성은 유고집인 만큼 권머리에 사이카쿠의 초상과 사세(辞世)의 하이카이(俳諧)를 게재한 다음, 죠테이(如貞), 고호(幸方), 만카이(万海), 신토쿠(信徳), 겐스이(言水), 사이마로(才麿), 단스이(团水)의 추선(追善) 하이카이(俳諧)를 배치하고, 이어서 편자 단스이의 서문, 사이카쿠의 서문을 싣고 있다.

본서의 발문에 「이 책은 병중에 소일거리삼아 적은 것」이라고 밝히고 있는 바와 같이 사이카쿠가 임종을 앞두고 쓴 초고를 기본으로 하고 있는데, 그런 만큼 사이카쿠의 만년의 심경이 잘 반영된 작품이라고 할 수 있다.

그렇다면 사이카쿠의 만년의 심경은 어떠한 것이었을까. 사이카쿠는 쵸닌출신이었던 만큼 평소 그의 소설은 당시의 쵸닌들의 향락적인 삶을 일관되게 그리고 있는데, 그러한 쵸닌이 이상으로 삼는 것을 스이(粋)라 하여 미적이념으로 규정짓고 있었다. 스이란 화류계의 사정에 밝아 스스로의 행동이 세련되어 있는 것을 의미하는 말인데, 그의 처녀작 『好色一代男』에서는 스이를 쵸닌적인 미의식으로 찬미하고 있다. 그런데, 『사이카쿠가 남긴 선물(西鶴置土産)』에서는 스이에 대해 다음과 같이 언급하고 있다.

> 세상의 거짓이 한데 모여 스이라는 아름다운 놀이가 되었다. 그러니 진실만을 말해서는 단 하루도 유곽에서 지낼 수 없다.
> 世界の偽かたまつて、ひとつの美遊となれり。これをおもふに、真言をかたり揚屋に一日は暮しがたし。

사이카쿠가 적은 서문의 첫머리부분인데, 여기에서는 스이에 대한 찬미는 보이지 않고 그것을 거짓의 결정이라고 말하고 있는 것에 주목하고 싶다. 즉 만년의 사이카쿠는 이전까지 찬미해마지 않았던 스이가 더 이상 쵸닌의 이상이 될 수 없으며 오히려 쵸닌을 몰락시키는 원인이라고 단언하고 있다. 실제 15편의 단편은 스이를 쫓다가 비참한 신세가 되어버린 남자들의 이야기이다. 이 작품에서 사이카쿠는 아름답지만 허망한 놀이인 스이는 인간의 허영심에서 발로한 것이며, 이처럼 거짓으로 무장된, 또 그렇게 해야만 인정받을 수 있었던 당시의 쵸닌들의 호색생활과 그 말로를 거리를 두면서 객관적으로 그리고 있다. 죽음을 앞둔 사이카쿠는 이 작품을 통해 색을 향한 인간의 욕망이란 한없는 것으로, 좀처럼 벗어나기 힘든 그 욕망의 끝에는 파멸이 기다리고 있다는 메시지를 전하고자 했던 것이 아닐까. 바로 그것이 사이카쿠가 세상을 떠나면서 우리들에게 남긴 선물인 것이다.

끝으로 이 작품은 몇 해 전 대학원수업에서 다루었는데, 연구자 뿐 만이 아니라 일반 독자들도 일본의 근세문화와 풍속을 이해하는데 도움이 될 것이라 생각하여 내놓게 되었다. 원문을 살리는데 주력하다보니 다소 번역이 매끄럽지 못해 아쉬움이 없지 않으나, 부디 이 책자가 일본의 근세를 이해하는데 조그마한 도움이 되기를 바래본다.

2011년 초겨울에 역자 김임숙

단스이(団水)의 서문

이 다섯 권의 책은 스승님이 쓰다가 버린 종이사이에서 발견되었는데 모 서림[1]이 출판을 간절히 부탁하며 "이 책을 출판하여 영원히 기념하고 싶다"고 했다. 이에 옛사람[2]이 읊은 "이 세상은 무상하지만 남긴 글은 언제까지나 남는 법이다"라는 노래도 기억이나 원고를 넘겨주었다.

겐로쿠(元禄)6년 겨울 어느 날

나니와하이린(難波俳林) 사이카쿠암(西鶴庵)에서

단스이(団水)

---

1) 권말 간기(刊記)에 보이는 오사카의 서점 야오진자에몽(八尾甚左衛門).
2) 겐지모노가타리(源氏物語)의 작자 무라사키시키부(紫式部)를 가리킨다.

저자 서문

세상의 거짓이 한데 모여 스이(粋)[1]라는 아름다운 놀이가 되었다. 진실만을 말해서는 단 하루도 아게야(揚屋)[2]에서 보낼 수 없다. 유녀는 있지도 않는 말을 하는 것을 업으로 삼고, 손님은 자기 돈을 쓰면서도 줄곧 긴장하며 거짓을 말한다. 다이코모치(太鼓持ち)[3]는 일부러 바보스러운 표정을 지어 손님의 비위를 맞추고, 야리테(遣手)[4]는 무서운 얼굴을 한다. 가부로(禿)[5]는 졸려도 졸리지 않는 표정을 해야 하고, 아게야의 안주인은 억지웃음을 지으며 접객을 하며, 객실 일을 하는 여자는 얼빠진 대답을 하고, 아게야 노파는 객실로 내는 술을 감시하는 편한 역할을 하며, 주인은 손님의 주머니사정을 꿰뚫어보는 것을 무엇보다도 중요하게 생각한다. 이처럼 손님상대로 돈을 버는 방법은 다양하고 우습기 그지없다. 그

1) 스이(粋)란 근세의 미적이념의 하나로 화류계의 사정에 정통하여 스스로의 행동거지가 세련되어 있는 것. 그러한 사람은 스이진(粋人)이라 한다. 사이카쿠는 유리에 있어서의 스이(粋)란 거짓이 모여 만들어진 것이라 보고 있다.
2) 유곽에서 오키야(置屋;유녀집)의 유녀를 불러 노는 집.
3) 호칸(幇間)이라고도 한다. 유객의 비위를 맞추며 주흥을 돋우는 일을 업으로 하는 남자.
4) 유곽에서 유녀를 관리 감독하며 매사를 매끄럽게 꾸려나가는 여자. 보통 유곽에서 은퇴한 여자들이 야리테가 된다.
5) 다유(太夫), 덴진(天神) 등과 같은 상급유녀가 부리는 10세 전후의 소녀. 유곽 일을 익힌 후 유녀가 된다.

런데, 유녀놀음을 하는 자 가운데 염낭에 붙은 산호수 장식까지 팔아 치우기 전에 유곽출입을 멈춘 자는 단 한 사람도 없다. 속사정이 드러나 어쩔 수 없이 몸을 숨긴 사람은 수없이 많으나 그 중에서도 남자라면 누구나 한번쯤은 하는 유녀놀음을 끝까지 그만두지 못하고 몸을 버려버린 무리들의 신상을 빠짐없이 모아 적어보았다. 이런 성격의 작품은 본서 밖에 없기에 이를 대전(大全)으로 하여 간행하겠다.

저자 **나니와(難波) 사이카쿠**

일러두기

1. 본서의 저본은 가장 신뢰할 수 있는 초판본을 중심으로 하였고 다른 전본도 참조하였다.
2. 번역은 직역을 원칙으로 하였으나 보다 자연스러운 한국어표현을 위해 부분적으로 의역이 이루어진 곳도 있다.
3. 인명과 지명을 포함한 고유명사는 일본어 발음대로 외래어 표기법에 따라 표기하였다.
4. 인용문은 큰따옴표 " "로 표시하고 큰따옴표 안의 인용문은 작은따옴표 ' '로 표시하였다.
5. 본문의 주석은 선학의 연구 성과를 참고하였는데, 특히 진보 가즈야(神保五弥)씨, 다니와키 마사치카(谷脇理史)씨가 교주와 현대어역을 행한 「사이카쿠가 남긴 선물(西鶴置土産))」(『新編日本古典文学全集』68)과 아소이 소지(麻生磯次)씨, 후지 아키오(富士昭雄)씨가 역주한 「사이카쿠가 남긴 선물(西鶴置土産)」(『対訳西鶴全集』15)의 교시를 입은 바가 크다. 아울러 전공자가 아닌 독자를 위해 비교적 상세한 해설에 역점을 두었다.
6. 각 장에 이해를 돕기 위한 삽화를 함께 실었고, 삽화해설은 『新編日本古典文学全集』68의 해설을 그대로 옮겼다.

7. 근세는 화폐경제의 시대로 다양한 종류의 화폐가 통용되었다. 에도에서는 주로 금화가, 가미가타(上方 : 오사카, 교토)에서는 주로 은화가 사용되었는데, 본문에 나오는 화폐단위를 정리해 두겠다.

료(両); 금화의 단위. 1료(両)가 4부(歩)로 은 60몬메(匁), 제니(銭;동이나 철로 만들어진 화폐) 4간몬(貫文)에 상당하다.

고방(小判); 금화의 이름. 오오방(大判)에 대해 얇은 타원형의 금화. 고방 1장이 1료였다.

부(歩); 금화 1료의 4분의 1.

몬메(匁); 은화의 단위. 간메(貫目)의 1000분의 1. 고방 1료의 60분의 1.

훈(分); 부(分)라고도 함. 은 1몬메의 10분의 1.

부(分); 제니 1몬(文)의 10분의 1 또는 은 1몬메의 10분의 1.

간메(貫目); 은화의 단위로 1간메는 1000몬메.

몬(文); 제니의 단위. 에도시대 관영통보(寛永通宝) 1장을 1몬이라고 했다.

간몬(貫文); 간(貫)이라고도 함. 제니 1000몬을 1간몬(貫文)으로 한다.

8. 본문에 자주 등장하는 근세 공창의 계급은 다음과 같다.

다유(太夫); 최상위의 유녀. 화대는 주야 합쳐 74몬메였다.

덴진(天神); 다유 다음의 유녀. 화대가 25몬메였기 때문에 기타노덴진(北

野天神)의 기일인 25일과 연관지은 이름이다. 오사카 신마치(新町)에서 불리는 이름이다.

고시죠로(格子女郞); 에도 요시와라(吉原)에서 다유 다음의 유녀계급. 신마치의 텐진직에 해당한다.

가코이죠로(鹿恋女郞); 다유・텐진 다음의 유녀. 가루타에서 14점에 놀이를 그만두는 것을 「가코우(囲う)」라고 하는데, 처음 화대가 14몬메였기 때문에 붙여진 이름이다.

산차죠로(散茶女郞); 에도 요시와라(吉原) 유녀의 계급의 하나. 다유・고시죠로 다음의 계급.

쓰보네죠로(局女郞); 에도시대 유곽에서 최하급의 유녀. 하시죠로(端女郞)라고도 함.

나니와하이린(難波俳林)[1] 쇼쥬켄(松寿軒) 사이카쿠(西鶴) 사세(辞世)의 구

인간의 수명이 50년이라는데 그조차 나는 넘게 살았네
이승에서 달을 보고 지내온 세월도 쉰 하고도 두 해가 지났구나

- 겐로쿠(元禄)6년 8월 10일 52세

추선(追善) 홋쿠(発句)

가을 달을 볼 때마다[2] 세상의 이야기거리가
되는 이만삼천구[3] 죠테이(如貞)

언제나 가을은 쓸쓸하지만 공양염불을 듣는
이 가을은 한층 쓸쓸하도다 고호(幸方)

저승으로의 여행을 떠나는 이 가을
기행기라도 남겨주시게 만카이(万海)

글로써 세상사의 분별심을 일깨워 준 이여

1) 오사카가 본거지였던 단린하이카이(談林俳諧)를 말한다. 사이카쿠는 단린(談林)파 하이진(俳人)이었다.
2) 사이카쿠가 세상을 떠난 시기는 8월 중순으로, 때는 가을이었다.
3) 죠쿄(貞享)원년(1684) 6월 5일,43세의 사이카쿠가 오사카 스미요시(住吉)신사에서 하루 종일 이만삼천오백구를 독음(独吟)하는 대기록을 세운 것을 말한다. 이후 사이카쿠에게는 니만오(二萬翁)라는 호가 붙여진다.

아쉽게도 이슬처럼 떠나버렸네 신토쿠(信德)

이승의 달을 충분히 보셨다고는 하나
왕성한 필력은 아직도 남아있네 겐스이(言水)

전서략(前書略)
훌륭한 소나무[4]는 이렇게도 허무하게
가을바람에 졌는데
부끄러운 이 몸은
가을바람 앞에서 울고만 있네 사이마로(才麿)

든든한 소나무를 잃어버린
힘없는 담쟁이 넝쿨이여 단스이(団水)

4) 사이카쿠의 호, 쇼쥬켄(松寿軒)을 의미하는 표현.

목차

사이카쿠가 남긴 선물

사이카쿠가 남긴 선물 권1

남아있는 솥 하나 잠에서 눈을 뜬 고철상
비 오는 날 우산 없는 괴로움
정 많은 후지사키(藤崎)[1]가 기다리는 밤
뿌린 물에 소매가 젖어 낭패를 보고
서로 알몸신세가 되어 나누는 이야기
꿈이 깨어져버린 새벽녘의 보자기

49일간의 인내 이제부터는 모든 게 내 것
세상에는 빚을 물려주는 부모도
감당하기 어려운 한 사람
노아키(野秋)[2]와의 일시적인 사랑
성실한 다이코모치
시마바라로 유배된 사람

1) 본문에 신마치(新町) 시오야(塩屋)의 유녀루 나오는데, 실제 이러한 이름의 유녀는 확인되지 않는다.
2) 교토 시마바라(島原)의 유녀. 본문에는 2대 노아키로 나와 있는데, 『조쿠쓰레즈레(俗つれづれ)』 5-1에는 초대 노아키에 대한 언급이 보인다. 그러나 시마바라에는 노아키가 실존하지 않았다. 제 문헌에 보이는 노카제(野風)나 야슈(野秋)로 추정된다.

거짓이 지나쳐

약속된 이노코모치(亥餅)[3]
몰래 바라보시는 분
아래쪽 벽지도 돈이 되고
긴다유(金太夫)[4]의 꼬임에 넘어가
아무튼 예상 밖의 일
알 수 없는 인간의 목숨

---

3) 10월에 해일(亥日)은 2번 있는 해와 3번 있는 해가 있는데 2번 있는 해는 첫 번째 해일을 축하하고 3번 있는 해는 가운데 해일을 축하하여 이노코모치 만들어 무병장수, 순산을 기원하며 먹었다. 이노코는 유곽의 몬비(紋日; 대목)였다.

4) 오사카 신마치 시모노초(下之町) 아타라시야(新屋)의 다유.

남아 있는 솥 하나

권1-1

세상에는 보자기라는, 체면을 유지하여 그것을 싸다니기에 편리한 것이 있다. 특히 여름에는 갈아입을 홑옷을 거기에 싸서 하인에게 들려 외출하지 않으면 왠지 부자유스럽다. 예전에는 늘 버들고리에 물건을 넣어 그것을 낡은 북 끈으로 묶어서 종자에게 들게 했지만, 지금은 장례나 소송으로 관청에 출두하는 사람의 종자가 아니면 볼 수 없는 광경이다. 요즘의 다이진(大尽)[1]은 양면을 고바타케조메(小畠染)[2]로 만든 보자기나 벵갈 줄무늬로 된 보자기에 더운 여름철 저녁때 갈아입을 홑옷이나 겹하오리(袷羽織)[3]를 준비하

1) 유리에서 돈 씀씀이가 큰 손님.
2) 엔뽀(延宝,1673-1681)에서 죠쿄(貞享,1684-1688) 무렵 쿄토의 고바타케료타쓰(小畠了達)라는 사라사 염색가게에서 제조한 사라사 염색. 사람이나 새·짐승, 꽃 따위 무늬를 다양한 색으로 물들인 천.
3) 겹으로 된 짧은 상의.

여 거기에 싸서는 영리해 보이는 어린 하인에게 들게 하고 출타한다. 이러한 다이진은 대개 고물가게에서 견적을 내어도 3백간메(貫目)보다 많은 재산을 가지고 있다.

한데, 오사카 요코호리(横堀) 근방에 주색에 빠져 사는 남자가 있었다. 매일같이 가슴 태우며 신마치(新町)[4] 시오야(塩屋)[5]의 후지사키(藤崎)라는 유녀에게 출입하고 있었는데, 후지사키는 유녀 중에서도 돈에 자유로울 수 있는 여자였다. 그런데 후지사키는 차츰 유녀로서의 본분을 잊고 이 남자 이외에는 좋아하는 사람이 없다며 긴 머리를 반쯤이나 잘라버리고[6], 세상에 이 사실을 숨기려고도 하지 않고 "서방님이 너무 좋아 이런 모습이 되었습니다"라며 염문을 뿌렸다. 열아홉 나이에 유곽의 색향을 혼자서 다 아는 듯한 얼굴을 하고 있어 다소 얄밉게 느껴질 정도였다. 하지만 아무리해도 다른 유녀들이 흉내 낼 수 없는 것은 이름을 떨칠 정도의 큰 손님은 거들떠보지도 않는다는 것이었다. 상대남자는 몰락한 다이진으로

4) 오사카시 니시(西)구 신마치바시(新町橋) 서쪽에 위치한 유리. 교토의 시마바라(島原), 에도의 요시와라(吉原)와 더불어 일본 3대 유곽의 하나였다.
5) 『시키도오카가미(色道大鏡)』(延宝6年序)에서는 신마치(新町) 사도시마초(佐渡島町)에 시오야미에몽(塩屋三右衛門)이라는 이름이 보인다.
6) 유녀가 손님에게 성의를 나타내 보이는 방법의 하나로, 단발(斷髮)이라고 한다. 당시 성의를 보이는 일반적인 방법으로는 단발, 손톱 뽑기(放爪), 혈서, 문신, 손가락 자르기, 관육(貫肉) 등이 있었다(『시키도오카가미(色道大鏡)』 6, 心中部).

지금은 아게야 앞을 지날 때에 캄캄한 밤인데도 흠칫흠칫 놀랐으며, 아직 쌀쌀한 봄밤인데도 옷을 달랑 한 장만 걸치고는 소매 자락 사이를 파고드는 바람을 이리저리 막는 초라한 행색이었다. 게다가 비까지 내려 지나가던 집 처마에 비를 피하고 싶었지만, 오고가는 초롱불에 얼굴이 알려질까 봐 그조차도 못하였다.

오른쪽 그림 왼편으로, 옷소매로 머리를 가리고 비를 피하고 있는 것이 우산을 빌리지 못하고 집에 도착한 주인공. 두건을 쓰고 우동을 파는 오른쪽 아래 사람이 우산을 쓰고 게타를 신은 채 주인공의 집을 놓고 이러쿵저러쿵 이야기를 하는 노인들의 이야기를 들으며 집을 바라본다. 그 집은 2층 대저택. 왼쪽 그림은 등불을 든 하인, 때를 알리는 북을 치는 야번(夜番)인 남자가 그려져 있다. 주인공은 분한 듯한 표정.

예전 자신이 화류계에 발을 들여놓기 시작할 무렵, 집을 사준 다이코모치(太鼓持)의 집으로 뛰어 들어가 상대방도 잘 알고 있을 목소리를 일부러 작게 하여 "우산 하나 빌려 주시게" 라 하자, 안주인이 하녀에게 "삿갓이라면 있습니다"라고 이르게 한다. 이에 남자는 "그 참, 사람의 약점을 찌르는 대답일세. 굽 높은 나막신을 빌려 달라면 날씨 좋은 날에 오라는 대답을 듣겠구나. 정말 의리 없는 자로다. 쌀 한 섬이 100몬메(匁)로 폭등했을 때[7], 당신 딸을 야사카(八坂)[8]에 있는 사창으로 팔려는 의논을 했었지. 게다가 호넨(法然)대사[9] 친필의 명호까지도 저당 잡혀 저승에서는 지옥에 떨어질 지경까지 되었을 때, 고방(小判)10료(両)를 베풀어 준 적이 있지. 이래저래 베풀어 준 물건을 계산해 보면, 집을 사 준 이후로도 은화 3간(貫) 700몬메, 고방 47료, 쌀 18섬, 옷가지 21장, 그 밖에도 때때로 준 적선은 장부에 적어두지 않아 알 수 없을 정도이다. 그런데도 이를 잊고 오늘 밤 우산 하나 빌려줄 수 없다니 정말이지 무자비한

7) 간분(寛文;1661-1673)・엔뽀(延宝;1673-1681)기 교토에서 쌀 1섬이 50몬메에서 70몬메사이로 변동했으나, 엔뽀3년(1675)에는 100몬메까지 올랐다고 한다(『나라자라시고콘리겐슈(奈良曝市古今俚諺集)』). 한 섬 100몬메는 기근이 든 해의 쌀값이다.
8) 야사카(八坂)탑이 있는 호칸지(法観寺) 문전의 야사카우에마치(八坂上町)로, 사창이 많았다.
9) 정토종의 개조(開祖) 호넨쇼닌(法然上人)을 일컬음.

처사이다. 이를 생각해보면 유녀만큼 성의 있는 자도 없다. 약속한 일을 어기지 않으며 남 눈을 피하며 목숨을 걸어 매일 밤 우울한 자신을 위로해준다. 다른 손님을 상대하는데 지장이 있을 터인데." 라는 생각이 들자 한층 여자가 사랑스러워져서 "결국 만나지 않는 것이 그녀를 위하는 일이다"라고 단념하고는 몸을 움츠리며 괴로운 생각으로 처마에서 처마로 비를 피하며 겨우 집에 당도했다. 그러자 염불계(念仏講)[10]에서 돌아오는 길인 듯한 마을 관리들이 자신의 집 앞에 멈춰 서서 당사자가 듣고 있는 줄도 모르고 "이 집은 어차피 팔아야하는데 24간메(貫目)정도 주고사면 잘 사는 편이다. 이 격자문은 떼 내어 동전가게나 양초가게를 내고, 뒤편의 긴 창고는 연립주택으로 고쳐서 세를 받고 대로에 면한 양쪽은 가게형태로 임대하여 집세를 다다미 1장에 은화7부씩 쳐서 받으면 한달에 190몬메 씩 받을 수 있으니, 이야말로 노후보장용으로 좋은 집이다" 라며 팔지도 않은 남의 집을 가지고 이러쿵저러쿵하는 것은 유감스럽지만 어쩔 도리가 없다.

들을수록 참기 힘들었지만, 이들에게는 집 저당 시 보증을 부탁하였기에 대들 수도 없어 "이 세상이란 참으로 뜻대로 되지 않는

10) 염불신자의 집회로, 매월 당번 신자 집에 모여 염불을 외며 적립한 돈으로 회식이나 장례비용을 충당했다.

구나"라며 엉엉 소리내어 울었으나, 모든 것은 이미 돌이킬 수 없는 옛날이라며 체념했다. 그 와중에 맞은편 환전상 영감이 "이 집 영감이 정원꾸미기를 좋아했는데, 그 때 심어놓은 소철이 아직도 있는가" 하고 묻자, 다른 노인이 "그게 아직까지 남아있겠는가. 어차피 팔려 넘어갈 집이라고 각오한 탓에 소철을 싸고 있던 정원석 하나 남아있지 않다네. 저렇게 재산관리를 못한 자는 세상에 또 없을 걸세. 벌써 전부터 당신 사위가 될 자였는데, 혼담이 정해지지 않아 다행이야. 우리 집 서쪽 옆에도 여전히 부모에게 얹혀살고 있는 아들이 있는데, 다른 젊은이들과 함께 두기도 싫은 자들 일세" 라며 코에 주름을 잡으며 밉살스럽게 이야기한다.

당신네들, 나중에 짓밟아 주겠다고 생각했지만 세상일이란 생각할수록 성가신 것이어서 그렇게 할 수도 없고, 살며시 집 대문을 두드리니 쉰 살 남짓의 하녀가 나왔다. 그런데 "때마침 잘 돌아오셨습니다. 축시[11]를 알리는 종이 울리고도 꽤 지났습니다"라는 목소리만 들릴 뿐 안이 캄캄했다. "불이 꺼졌는가" 하고 물으니 "기름이 떨어졌습니다"라는 대답이 돌아온다. "그 정도의 궁리도 못 하는가" 라며 부싯돌 상자를 찾아 차솥 아래 불을 지피고는 그 불빛을 의지해 이층으로 올라가 낡은 긴 궤짝을 부숴 밤새 장작불을 지폈다. 그

---

11) 오전2시경.

불빛에 혼자 쓸쓸하게 책을 읽으며 저녁에 젖었던 옷소매를 말리고 있자니 요란하게 문을 두드리는 소리가 들린다. 새삼 자는 척하기도 이상해 "누구요"하고 물으니, 놀이친구 네다섯 명이 갑작스럽게 찾아 온 것이었다. "이 추운 봄밤에 모닥불이라니 정말이지 이집 주인은 호사가라니까"라며 이들도 비에 젖은 몸을 말리며 "음식은 아무것도 필요 없네. 술만 내오시게"라고 한다.

평소 허세를 부리며 "언제라도 오시오. 우리 집에 신경 쓸 사람은 아무도 없으니, 원하는 대로 대접하지요"라는 말을 했기에, 꼭 술을 대접해야 한다고 생각해 부엌으로 가 술병과 손잡이 달린 나무술통을 찾아보았지만 단 한 방울의 술도 남아있지 않았다.

그렇다고 2홉 반 들이 술을 살 돈도 없다. 이런 돈을 마련하는 일은 낮이라도 어려운 법인데, 밤이다 보니 좀처럼 좋은 지혜가 떠오르지 않았다. 그 때 부엌에 있던 큰 가마솥 17개 중 모두 팔고 1개가 남아있는 것을 떠올리고 그것을 아궁이에서 빼내어 마침 골목 안 고철가게로 짊어지고 가 가게 문을 두드려 주인을 깨운다. 돈이 급히 필요한 사정을 이야기하고 원가로 4몬메만 달라고 하자, 주인은 돈을 건네면서 "한밤중에 가마솥을 팔다니 도무지 납득이 가지 않소. 설마 이런 물건을 훔쳐 온 것은 아니겠지요"라고 한다. 정말 분했지만 변명을 하며 돈을 받아들고 술을 사서 겨우 체면을 세웠다. 술기운을 빌어 무리 중 한 명이 말했다. "내일은 오늘밤의 우울함을 날리기 위해 도톤보리(道頓堀) 나카노시바이(中の芝居)[12]의 극장주 집에서 내가 한 턱 내지요." "그 참 고마운 말씀이로군요"라고 약속을 하고 그날 밤은 헤어졌다. 다음날 "꼭 와 주십시오"라며 심부름꾼이 왔기 때문에 "곧 가겠다"라며 그 심부름꾼을 돌려보낸 후 돈이 들지 않는 놀이였기에 편한 마음으로 몸치장을 했다. 지난밤 젖은 옷의 주름을 펴고 납작하게 짠 주황색 오비를 메고 칼자루가 긴 칼을 차고 주름이 지지 않은 오쓰루야(大鶴屋)[13]의 쥘부채를 든 모습이 겉보기에는 지금도 다이진(大尽)처럼 보인다. 오늘 하루 조리토리(草履取り)[14]를 고용하고 오쿠지마(奧縞)[15] 보자기를 들게 했는데, 그 속에는 가호를 새긴 포렴을 접어 넣어두었다. "남의 눈에는 갈아입을 옷으로 보이겠지"라며 스스로도 부끄러운 생각이 들었지만, 신사이바시스지(心斎橋筋)에서 남쪽으로 걸음을 재촉했다. 마침 가부키가 끝나 길이 혼잡할 때 방물가게 하인이 길에다 물

12) 도톤보리(道頓堀)남쪽 강가의 기치자에몽초(吉左衛門町)에 있는 시오야쿠로에몽(塩屋九郎衛門)이 흥행권 소유자였던 가부키극장.
13) 미상이지만 일설에 의하면 교토 이시가키초(石垣町)에 같은 이름의 차야(茶屋)가 있으며(『호색일대녀(好色一代女)』권5-1의 목록), 그곳에서 나눠준 부채일 수 있다.
14) 외출 시 주인이 갈아 신을 조리(草履)를 들고 수행하는 하인.
15) 에도시대 인도에서 들어온 빨간 세로실로 된 줄무늬 무명.

을 뿌리고 있었는데, 그 때 이 남자가 지나가다 허리부터 발 아래까지 물이 뚝뚝 떨어질 만큼 젖어버렸다. 갈아입을 옷이 없는 것에 한층 화가 나 눈빛을 바꾸자, 방물가게 주인이 밖으로 뛰어나왔다. "물론 화를 내시는 것은 당연합니다. 이 하인은 불과 이삼일 전에 야마토(大和;지금의 나라현)에서 이쪽으로 와서 아직 흙냄새를 털지 못한 시골뜨기이니, 부디 봐 주십시오" 라는 주인의 정중한 사과에 트집을 잡을 수도 없어 "사무라이한테는 물을 뿌리지 않도록 조심하시게"라는 말을 내뱉고는 그 자리를 떠나려고 했다. 그러자 주인이 "그러지 말고 잠시 들어오셔서 옷을 갈아입으시오. 자, 방으로" 라고 정중하게 권하니 더욱 곤란해져서 "괜찮소"라며 젖은 옷을 입은 채 미쓰데라하치만(三津寺八幡)[16]앞에 다다랐다. 이 부근에는 떠돌이 피리꾼 이세 기치타로(吉太郞)라는 자가 살고 있었다. 이 자에게는 예전에 때때로 가부키 소년배우를 불러 놀던 곳에 오게 해 두세 번 용돈을 쥐어준 적이 있었다. 지금은 다른 차야(茶屋)[17]나 배우를 모두 피하고 있었기에 그들에게는 들를 엄두도 내지 못했다.

그래서 뒷골목 셋집살이를 하는 기치타로를 찾아간 것인데, 알몸으로 달려 나와 "나리님, 참으로 오랜만이군요. 이런 누추한 곳

16) 오사카시 미나미(南)구 야하타초(八幡町)에 있으며 당시 이 부근은 떠돌이 배우들의 거주지였다.
17) 손님에게 음식이나 유흥을 제공하는 것을 업으로 삼는 가게.

까지 찾아와 주시다니 황송합니다"라며 황급히 재떨이에 쌓인 먼지를 털며 대접을 한다. 알몸으로 뛰어다니는 모습을 보고 "알몸으로 다니다니 참으로 혈기왕성하구나"라 하자, "좀 전에 술을 많이 마셔셔요"라고 했지만 이내 부끄러운 듯 얼굴을 붉히고는 "나리님도 그런 젖은 옷을 입고. 대체 어찌된 일입니까"라며 궁금해 한다.

다이진은 어쩔 수 없이 사정을 이야기하고 "이것을 볕에 말려주게"라고 부탁한 후 함께 알몸이 되어 "어쨌든 오늘은 날이 따뜻해서 다행이야"라며 툇마루에 기치타로와 나란히 앉아 이를 악물며 추위를 견디고 있다. "나는 하필이면 오늘 갈아입을 옷을 가져오지 않았다네. 자네에게 언젠가 주었던 군나이(郡内)산 줄무늬 옷[18]을 좀 빌려주게"라는 부탁을 하자, "이렇게 알몸을 보인 이상 무엇을 숨기겠습니까. 그 단 한 장뿐인 옷의 안감을 빨아 이웃 바느질집에 넘겼습니다. 바느질이 완성되기를 기다리는 동안 이런 모습으로 있었습니다"라고 한다.

다이진은 놀라 "정말이지 빈곤한 생활을 하고 있구나. 빠른 시일 내에 옷가지를 보내주겠네. 오늘은 집에 사정이 생겨 옷을 가지러 보낼 수도 없구나"라며 둘이 알몸으로 옷을 기다리는 모습은 우습기 그지없었다. 이윽고 해가 서쪽으로 기울고 기다리던 옷이 다

18) 야마나시(山梨)현 동부 군나이(郡内)지방산의 줄무늬 비단옷.

말라 다이진이 그 옷을 입자, 기치타로도 맡긴 옷이 다 되어 둘은 평상시 모습으로 돌아왔다. 그대로 기치타로의 집을 나와 대접하겠다고 했던 자리에 기대를 갖고 가보니, 음식상은 이미 치워진 상태였고 술자리의 흥이 한껏 고조되어 있었다. "피치 못할 사람을 만나 이렇게 늦었습니다. 모두에게 미안합니다"라고 다이진이 인사를 한다. "꽤 시간을 보낸 것 같은데, 식사는 했는가"하고 주인이 묻자, "물론 하고 왔지요" 라고 하자 더 이상 묻지 않는다. 고픈 배를 움켜쥔 채 술을 퍼 마시기 시작하는데, 안주 중에서도 근기가 있는 전복은 이미 바닥이 나있었다. 야식이 나오려면 아직 한참을 기다려야 하니, 국이 나올 때마다 "혹시 우동인가"하고 기대했지만 채 썬 오징어로, 그것도 양이 아주 조금이어서 배를 채울 수 없었다. 피리꾼 기치타로는 더 이상 견디지 못하고 돌아가 버렸다.

일동은 소년가부키배우의 색기에 이성을 잊고 취해 있었다. 다이진이 무심결에 "춥구나"라고 하자 그 집 주인이 재빨리 여벌옷이 들어있는 보자기를 가져오게 하여 많은 사람 앞에서 풀었다. 그러자 그 안에는 동그라미 안에 인(仁)자가 새겨진 감색 포렴이 들어 있었다. 이를 보자 그 자리의 흥겨움이 깨어지고 모두들 봐도 보지 않은 척 하는 것이 한층 더 우스웠다.

자존심이 무척 센 다이진이었기에 술도 확 깨버렸고 체면을 버린 것을 부끄러이 여겨 이후로 유녀놀음은 무익하다는 것을 깨달아 재산을 정리해 혼자서 초암생활을 하였다. 옛 친구도 만나지 않았으며 수염은 자라는 대로 내버려두었고 손발은 한 번도 씻지 않았다. 오사카 호리즈메(堀詰)[19]에 숨어살며 생계를 위해 에도모토유이(江戸元結)[20]를 해서 그날그날을 보냈다. 시텐노지(四天王寺)의 벚꽃을 가까이 볼 수 있었지만 보러 간 적 없이 5년간의 봄을 꿈처럼 보내고, 나비문장도 붙이지 않은 채[21] 촌스러운 연둣빛 무명옷만으로 홀가분하게 여생을 보내다 생을 마쳤다.

---

19) 오사카 히가시요코호리(東横堀)와 도톤보리(道頓堀)가 교차하는 지점으로 지금의 가와라야초(瓦屋町)일대를 말한다.
20) 모토유이(元結)는 머리에 상투를 맨 것. 옛날에는 겹실을 이용했는데 간분(寛文; 1661-1673)무렵부터 에도에서는 꼰 종이를 이용한 모토유이가 만들어졌기 때문에 에도모토유이라고 한다.
21) 봄, 꿈, 나비는 『장자』의 호첩(胡蝶)의 꿈에 관한 고사에 의한 엔고(縁語). 나비문양은 유곽에 다닐 때 사용했을 것이다.

49일간의 인내

권1-2

"장자는 2대까지 가지 않으며 유녀놀음은 3대까지 가지 않는다"

이는 교토(京都)에 사는 현자의 명언이다.

넓은 교토에서 가선(歌仙)장자[1]의 한 사람으로 손꼽히며 36인 중에서도 왼쪽자리 첫 번째[2]로 니몬지야(二文字屋)의 아무개라는 자가 있었다. 집과 창고, 가재도구를 제외하고 현금만 5천간메(貫目)를 가지고 있었는데, 이를 전부 아들에게 물려준다는 유언을 남기고 이 아버지가 죽자, 그 유언장의 증인이 된 사람들이 유언장의

---

1) 후지와라 긴토(藤原公任)가 중고시대의 대표적인 가인을 선정하여 삼십육가선(三十六歌仙)이라 칭했는데, 이를 본떠 교토의 36인의 부자를 선정하여 칭한 말이다.

2) 삼십육가선은 다시 18명씩 좌우로 나누는데, 왼쪽자리의 첫 번째는 가키노모토노히토마로(柿本人麿)로 가선의 수좌에 해당한다. 여기서는 36인의 부자 중에서도 필두를 의미한다.

내용이 틀림없음을 확인한 후 그것을 상속자에게 넘겼다.

이 재산을 물려받은 아들은 아버지가 죽고 49일째 아침 조상의 위패를 모셔 둔 절의 스님을 불러 제를 지내고 그 날 저녁 마지막 정진요리의 젓가락을 내려놓기가 무섭게 집을 뛰쳐나와 시마바라(島原)로 향했다. "마루야(丸屋)[3]의 주인장, 알겠는가. 아버지로부터 받은 유산이네. 보이는가. 보이는가"하며 고방(小判)이 든 주머니를 거꾸로 하여 돈을 마구 뿌려대며 "마루야 번성하시게"라고 외치니 그 가게사람들은 기쁘기 그지 없었다.

그리고는 세키슈(石州)[4]라는 다유를 매일같이 독점해서는 다른 남자들에게는 세키슈의 붉은 비단 속치마를 보이지 않게 했으니, 이 세키슈를 일컬어 비불(秘佛)의 다유라고 하였다. 그 무렵의 다이코모치였던 샤쿠시노도큐뉴(杓子德入)라는 침술사가 이 다유를 맡아 밤에도 자지 않고 아주 신중하게 감시했다. 이 도쿠뉴라는 자로 말할 것 같으면 남자로서의 색기도 없었으며, 오직 처자를 위해서라면 무엇이든 하겠다고 하여, 본업인 침술을 그만두고 다이진으로부터 1년에 1간(貫)2백몬메(目)를 받았다. 돌아갈 집이 있지만 섣달그믐밤에도 집에서 잔 적이 없었다. 아름다운 유녀들을 눈으로만 보고 즐길 뿐 기분 좋게 정을 나누는 소리를 들으면서 짝 없는 물떼새처

---

3) 시마바라 아게야마치(揚屋町) 서쪽의 맨 남쪽에 있는 아게야.
4) 시마바라 시모노초(下之町) 기쿄야키헤에(桔梗屋喜兵衛) 소속의 다유.

럼 유곽 내를 돌아다니는 것이었다.

다유 밑에 있는 히키후네죠로(引舟女郎)[5]가 오비를 풀고 머리 모양이 흐트러지는 것도 개의치 않고 "목침대신에 좋은 것이 있지"라며 빈 찬합을 베개 삼아 아무렇게나 손발을 뻗은 채 "맨 마지막에 다유 대신 받은 술잔의 술을 마시지 말았어야 했는데"라는 말을 비몽사몽간에 하며 잠들려 하고 있다. 그 유녀의 얼굴이 불빛에 비춰져서 잘 보였는데, 급이 낮은 유녀라고는 하나 새하얀 광택이 나는 속옷을 입은 목덜미가 아름답다. 코는 약간 낮은 편이나 피부 결이 곱고 입매가 조그마하다. 이 곳 시마바라에서는 그다지 눈에 띄지 않지만 오쓰(大津)의 덴진[6]보다도 훨씬 아름답다. "화대가 18몬메(匁)나 하는 유녀를 매일 밤 놀려두다니 아깝기 그지없다"며 도쿠뉴가 우울해한다. 그 옆에는 곧 유녀로 일할 나이가 된 가부로(禿)가 자신의 몸을 아무렇게나 내던진 채 허리춤까지 치맛자락이 말려 올라 간 것도 개의치 않고, 과음으로 괴로운 듯 "내일은 비가 와서 늦게까지 잤으면 좋겠다"라는 말을 잠꼬대처럼 하는 것도 우스웠다.

5) 다유 곁에서 다유를 보조하며 객석을 담당하는 유녀. 급은 가코이죠로(鹿恋女郎)였다.
6) 오쓰(大津)는 현재의 시가(滋賀)현. 오쓰의 유곽 시바야초(柴屋町)에는 다유가 없고 덴진이 최상위였다.

시마바라 아게야의 밤풍경. 오른쪽 위 2층에서는 두 명의 다이코죠로가 샤미센 몸체를 베개삼아 누운 채 참회담에 열중하고 있다. 아래쪽 부엌에서는 한쪽 어깨를 드러낸 요리사가 아게야여자와 이야기하면서 도마의 생선을 손질하려 하고 있는데, 본문의 묘사와는 상이하다. 왼쪽 위는 찬합을 베개로 하여 팔다리를 뻗고 자는 히키후네죠로. 술주전자·찬합·술잔 등이 흐트러진 채로 있고 가부로도 칠칠치 못한 모습으로 잠들어 있다. 아래쪽 맹장지 앞에 서있는 도쿠뉴가 이런 모습들을 엿보고 있다.

"이 아이도 남자를 모르는 것은 아닌 듯하니 그냥 자도록 내버려두는 것이 아쉽구만"이라며 다음 방을 보니 화대 9몬메의 다이코죠로(太鼓女郎)[7] 두 명이 샤미센(三味線)을 연주하는 것도 지쳤는

7) 다유나 덴진은 원칙적으로 악기를 다룰 수 없었기 때문에 아게야에 불려와

지 샤미센 몸체를 베개로 하여 다리를 서로 기대며 각자 참회담을 들려주고 있다. 그것을 엿듣자니 가루모(刈藻)라는 아주 색을 밝힐 듯 보이는 유녀가 "색을 파는 것이 업인데도 남자를 자유롭게 만나지 못한지가 언제야. 신께 맹세컨대 작년 9월14일 히고(肥後)에서 온 손님과 잔 것이 마지막이었어"라고 하자, 또 한 명이 "그래도 나는 올해 두세번 손님과 잤어"라고 한다.

정말 가엽기 그지없는 일이다. 이렇게 유녀들을 모두 사서는[8] 손도 대지 않는 처사는 먹지도 않을 생각이면서 살생을 하는 것과 마찬가지로 죄 많은 짓이다. 유녀가 남자를 본지 오래되다니 이런 일은 세상 사람들이 모를 거라고 도쿠뉴는 생각했다.

도쿠뉴가 부엌으로 들어와 안을 둘러보니 도마를 아무렇게나 어지럽힌 채 요염해 보이는 하녀들이 남자들과 뒤섞여 자고 있는데, 아무도 눈여겨보는 사람이 없다. 생각해보면 요시노(吉野)산[9] 기슭에 사는 사람이 만개한 벚꽃을 구경하지 않은 채 봄을 보내고, 두견의 명소인 야마자키(山崎)[10]에 사는 사람이 두견울음소리에

악기를 연주하며 좌흥을 돋우웠던 유녀이다. 급은 가코이죠로였고 화대는 주간과 야간 각각 9몬메였다.

8) 다유를 살 경우 그 아래 급의 유녀들까지 모두 사는 경우가 많았다.

9) 나라(奈良)현 중부의 산으로, 고래로부터 벚꽃의 명소였다.

10) 교토 남부 오야마자키초(大山崎町)와 오사카 시마모토초(島本町) 일부를 아우르는 지역.

귀를 막는 것처럼 이곳도 여자에게 질려서는 아무런 감정을 느끼지 못하는 것이다.

이런 곳에 와서 여자를 멀리 하는 것은 얼빠진 이야기지만 다이진이 평소 자신을 진지한 사람이라 여겨 소중한 다유의 감시역을 맡겼기 때문에 조금이라도 한눈을 팔아서는 안 된다며 도쿠뉴는 방구석에 몸을 숨기고 있었다. 위엄 있게 눈썹을 찌푸리고 누워서는 추위를 견디며 날이 밝기만을 기다리고 있었다. 그러자 다이진이 일어나 밖으로 나와 도쿠뉴의 잠자는 모습을 보시고는 “언제나 그렇게 혼자 잠을 자느냐. 마침 놀고 있는 유녀도 있는데, 쓸데없는 사양일세. 바보 같은 짓도 적당히 해 두게. 이런 곳에서 사랑을 나누지 않는 것은 목욕탕에 가서 때를 밀지 않는 것과도 같은 것이지. ‘몸이 차서 미안합니다’라며 아무 유녀 품에나 뛰어 들게나”라는 허락이 떨어진 후로는 도쿠뉴도 분에 맞는 유녀놀음을 하게 되었다. “이것도 모두 다이진님 덕이니, 다이코모치만큼 달가운 장사도 없을게야”라고 생각했다.

이 다이진은 한평생 걸쳐 대단한 유녀놀음을 했는데, 74세로 생을 마감할 때까지 허리뼈가 남아있는 한 이를 그만두지 않았다. 그 아들은 또 2대 노아키(野秋)를 상대로 화끈하게 놀기 시작하여 물려받은 재산을 모조리 다 쓴 후, 스스로 깨달은 바가 있어 그만둔 것이 아니라 자연히 놀음이 재미없어져서 79세 되는 여름 무렵부터 유곽출입을 그만두었다.

2대가 이름을 날리고 3대는 유곽에서 지세이(二清)라는 가명으로 불렸는데, 이 자 또한 대단히 화려한 다이진으로 행세를 했는데, 이윽고 유곽출입의 등불도 꺼지고 차츰 돈을 변통하기가 힘들어져 놀이를 그만두었다.

2대째에 파산이 예고된 자산상태였으나, 지세이가 장인으로부터 받은 돈이 알려진 것과는 달리 2백간메 밖에 되지 않았던 것을 잘 굴려 지금까지 버텨온 것이었다. 지세이로 봐서는 기껏해야 34,5간메 밖에 쓰지 않았는데, 기울어가는 재산을 물려받았다는 이유로 애석하게도 전 재산을 지세이가 혼자서 다 쓴 것처럼 소문이 나서, 아내를 맞는 것도 양자로 가는 것도 아무도 제의해오는 자가 없어서 어려웠다. 지금은 아무것도 남아있지 않고 달랑 몸 하나 하루하루를 연명해가는 것도 어려워 가미교(上京) 초자마치(長者町)[11]에 사는 돈 많은 이모 집을 찾아갔다. 친척이다 보니 보고 모른 척할 수도 없어 네 다섯 명은 여유롭게 살 수 있는 돈을 주었지만, 지세이는 이 돈마저도 반년도 채 되기 전에 시마바라(島原)에 갖다 바쳤다.

---

11) 교토 가미교(上京)에 있으며 금과 곡식을 취급하는 부호가 많았기에 초자마치(長者町)라고 불리었다.

“이렇게 되었으니 출가시키는 것 밖에는 방법이 없다”며 억지로 승려를 만들었지만 그래도 유곽출입을 그만두지 않았다. “이 지경이 된 이상 가두어버리는 수밖에 없네”라며 옥에 넣었지만 거기에서도 빠져나와 착란한 것처럼 유곽에 다녔다. “무슨 짓을 할지 모르겠습니다”라며 현명한 사람에게 상담을 하자 “자연스럽게 놀음을 그만두는 비책이 있습니다. 나에게 맡기시오”라며 시마바라 아게야마치(揚屋町) 골목에 작은 셋집을 빌려 지세이를 살게 하고 집세 이외에 한 달 생활비로 30몬메를 주며 “마음껏 유녀놀음을 하게나”라고 하였다.

이상하게도 이 방법이 통했는지 지세이는 마음을 고쳐먹고 사람만나는 것도 싫어하게 되었고, 나중에는 유행하는 만담을 자신이 지은 것처럼 해서 유녀들을 상대로 용돈을 벌며 만족스러운 생활을 하였다.

거짓이 지나쳐

권1-3

모든 것이 세련되어져 지금처럼 유녀놀음이 재미있을 때도 없을 것이다. 야리테(遣手)인 구메(久米)는 14,5수나 앞서 손님의 마음을 읽어낼 수가 있다. "이 다이진은 그다지 큰 돈이 들지 않는 9월 중양절로부터 선달그믐까지는 다유와 친하게 지내다가 쇼가쓰가이(正月買い)[1]를 약속해야하는 세밑이 다가오면 이를 피하기 위해 "아버지를 대신해 이세신궁에 참배하러가 거기에서 해를 넘겨야한다"라는 말을 분명 12월20일경에 꺼낼 것이야. 그리고 나서 다유로부터 은200몬메에 상당하는 속옷을 이별선물로 받고는 고방(小判)을 답례로 조금 쥐어주고 다이코모치들에게는 "사정이 좀 생겨서

1) 쇼가쓰가이(正月買い)는 유곽에서 연간 최대의 대목이다. 섣달그믐에서 정월 초사흘까지 나흘간 유녀를 사는 것으로, 상당히 돈이 많이 들었기 때문에 유객의 자랑거리가 되었다.

만나던 다유와는 연을 끊을 생각이네. 그 경위를 들은들 참배용 엽전하나도 생기지 않으니 사정을 묻지 말고 모른 척 해 주시게"라며 무언가 무례한 상황이 생긴 것처럼 여기게 해서는 빈틈없는 유녀를 상대로, 같은 놀이친구들이 흠집을 잡는 수법은 눈에 본 듯 뻔하지. 그런 낡아빠진 속임수에는 넘어가지 않아. 이런 다이진은 10월 첫 이노코(猪の子)[2] 때 이쪽에서 쇼가쓰가이를 권해서 그것을 거절할 수 없도록 만들 수 있는 남자이다"라고 했다. 이리하여 이윽고 겨울이 시작되는 10월 초하루가 되었다.

그 날이 되어 다이진이 여러 사람과 방에 앉아 이야기를 하고 있는 것을 확인하고 교야(京屋)[3]의 주인에게 야리테인 구메가 "다이진님에게 황송합니다만, 부탁이 있습니다"라고 하자, 다이진은 두건을 쓴 채 족집게로 턱수염을 뽑으며 "뭔가. 일부짜리 금화가 필요한게냐"라고 묻는다. "네, 그 비슷한 겁니다. 이노코떡 할 때 필요한 쌀이라 말씀드리기가 좀 그래서"라고 하자, "아니네, 남들이 하는 것은 하는 게 좋지. 한데, 얼마가 필요한가"라고 한다. 이렇게 온 기회를 놓쳐서는 안 된다 싶어 새해떡값까지 계산해서 "6섬5말"이라 하자, "유곽에서는 꽤나 많은 이노코떡이 필요한가보구나"라며

---

2) 20쪽 주3)참조.

3) 신마치유곽 내 구켄초(九軒町) 남측에 있는 아게야로 정식명칭은 교야니자에몽(京屋仁左衛門)이다.

좀 의심스러운 듯한 표정으로 종이에 싼 돈을 던져주었다.

신마치의 아게야 교야에서, 길게 자란 콧털을 족집게로 뽑고 있는 기타바마의 미나모토 다이진. 아타라시야의 긴다유가 그 곁에 앉아있고, 한쪽 무릎을 세우고 앉은 히키후네죠로, 가부로도 함께 앉아있다. 교야의 주인과 야리테 구메는 다이코모치를 통해 다이진에게 무언가를 조르고 있다.

구메는 떡값으로 금화를 받은 김에 열흘염불(十夜)의 공물대[4), 11월 마지막에 있는 고신마치(庚申待)[5)의 비용, 게다가 자기집 목

4) 정토종에서 10월 6일부터 15일까지 열흘 밤낮으로 염불을 외는 법회. 그 때 불전에 떡이나 과자 등을 올렸다.
5) 고신(庚申)밤 세 원숭이상을 걸고 제석천(帝釈天)과 청면금강(青面金剛)에

욕통 가는 비용까지 이것저것 모두 모아 새해까지의 행사에 드는 비용을 빠짐없이 받아 챙겼다. 게다가 "쇼가쓰가이까지는 아직 여유가 있습니다만, 달리 부탁드릴 분도 없고 해서"라며 구메가 다이진에게 넌지시 말하자, 이 남자는 그로부터 벗어나려했던 생각이 바뀌어 "알았네. 내가 사도록 하지"라는 말을 분명하게 아게야 쪽에 전했다. 아게야주인은 기뻐하며 "정말 고맙습니다. 정말이지 훌륭한 결정이십니다. 아마도 10월 초하루에 쇼가쓰가이가 정해진 유녀는 신마치(新町)가 아무리 넓다고 해도 이 다유 이외에는 없을 터. 혹시 있다면 이 목을 주저 없이 내놓지요. 이 정도의 다이진이라면 다이진 댁에서는 지금쯤이면 새해 옷을 나누어주는 준비가 끝났을 거야"라는 말로 마구 부추겨 세우자, 다이진은 앞뒤 일을 분간도 못한 채 주인이 시키는 대로 그 자리를 파했다. 야리테 구메가 그 모습을 보고 "바람이 부는 방향에 따라 바뀌는 것이 다이진의 마음입니다. 아마 틀림없이 다유에게 무리한 주문을 해 올 것입니다. 그러니 이 쪽에서 선수를 치세요"라며 다유에게 여러 가지 훈수를 했다.

예상대로 다이진이 무리한 말을 꺼낼 듯한 표정을 짓자, 다유는 더욱 마음을 주면서 "오늘 만남을 기다리고 기다렸습니다. 조금

게 제를 올리고 밤새도록 즐기는 행사. 그날 밤에 잠을 자면 사람몸속에 있는 삼시충(三尸虫)이 그 사람이 지은 죄를 상제에게 고하기 때문에 잠을 자지 않는다는 도교에서 유래한 행사이다.

내밀하게 상담드릴 것이 있습니다. 최근 두 번 정도 오기야(扇屋)[6]에서 만난 시골 손님이 질릴 정도로 저에게 열중하여 '나를 위해 손가락을 자른다면 기적에서 빼내어 고향으로 데리고 가겠다'라는 말을 무턱대고 합니다. 그러자 모두가 '그것 참 손가락 자르기 딱 좋을 때이다. 유녀의 손가락은 본(盆)[7]과 정월 대목에 자신을 사 주는 남자를 위해 자르는 경우도 있다. 이렇게 말하는 것이 어떨지 모르겠지만, 약지 하나만 자르면 상대가 천료가 넘는 돈을 내어 빚까지 청산해주고 이 생지옥에서 빼내줄 것이다. 특히나 주인님을 위해서 이만큼 좋은 일이 또 있겠는가. 꼭 자르시게'라고 하자, 야리테 구메가 날이 얇은 칼을 갖다 대었습니다. '마음에도 없는 남자를 따라서 그것도 모르는 곳으로 가서 많은 종자를 거느리며 가마를 타는 것은 싫습니다'라고 하자, '놀라겠군요. 그런 근성으로 지금까지 잘도 다유를 해 왔군요. 한심하기 그지없네요. 유녀란 경우에 따라서는 죽을 수도 있는 법인데. 정말 싫다면 당신에게는 어떤 일이 있어도 유녀로 있을 동안 손가락을 자르게 하지 않을 테니까. 하지만 몸에 상처하나 없이 유녀노릇을 할 수 있을까요. 손님이 줄어들 수 있으니 관리 잘 해야 할 것입니다. 다유에서 다다미 2첩짜리 싸구려

6) 오사카 신마치 유곽 내 에치고초(越後町)의 아게야로 정식명은 오기야지로헤어(扇屋次郎兵衛)이다.
7) 우란분(盂蘭盆)의 약칭.

유녀로 전락한 예를 지금껏 몇 명이나 봐 왔습니다. 하급유녀 방 벽지무늬는 다쓰다가와(立田川)[8]가 제격이지요. 하인인 니스케(仁介)에게 담배연기를 뿜으며 위로 잠깐 올라오라며 당장 거래를 시작하는 얼굴이 눈에 선합니다.' 이런 아주 심한 말을 야리테 구메가 해댑니다. 저도 아타라시야(新屋)[9]의 긴타유(金太夫)라 불리는 몸, 좋아하는 남자를 위해서라면 어찌 목숨이 아깝겠습니까"라며 자신에게 몸을 기댄 채 울기 시작하자, 다이진은 납득하고 "그 참, 이야기가 뒤바뀌어 버렸네. 오늘은 사랑싸움을 걸어 반드시 손가락을 자르게 할 셈이었는데, 뜻밖의 말을 듣다니 정말 운이 나쁜 날이구먼. 하지만 나를 믿고 의논을 하니 어쩔 도리가 없지. 더 이상 두고 볼 수만은 없을 것 같구나"라며 그대로 속아 넘어가 "뭐 대단한 남자는 아니지만 내가 있지 않은가. 싫은 손님은 내몰아버리게나"라며 처음부터 크게 나와 혼자서 모든 비용을 감당하게 되었는데, 이는 속임수에 잘 넘어온 덕분이리라.

이 남자도 기타바마(北浜)에서 미나모토(源)라 불려지는 부자였는데, 유녀와의 흥정을 어림짐작만 하여 선수를 치려고 했기 때문에 유녀 또한 그러한 술책을 간파하며 남자를 스이진(粋人)[10]취

---

8) 나라현 북서부 이코마군(生駒郡)에 있는 강으로 단풍의 명소로 알려져 있다. 여기서는 흐르는 강에 단풍잎이 떨어져 있는 씨구려 무늬를 말한다.
9) 오사카 신마치 시모노초(下之町)에 있는 아게야.

급을 해 자승자박하게끔 만들었다. 정말이지 돈이란 나가기 쉬운 것이어서 이것저것 합쳐서 200간(貫)정도를 야리테 구메가 받아 챙겼다. 젊은 유녀에게 붙여놓아야 할 것은 산전수전을 다 겪은 나이 든 야리테이다. 이는 상가의 젊은 주인에게 선대부터의 데다이(手代)[11]가 붙어있는 것과 같다고 할 수 있다.

이 다이진에게도 좋은 데다이가 있었다면 일이 이렇게까지는 되지 않았을 것이다. 이 집에 출입하는 자는 모두 이 집 주인이 노는 곳으로 찾아가 닭고기 밥을 대접받고, 하오리(羽織)를 받은 셈치고 빌려서 돌아가는 자도 있었으며, 전셋집 보증인을 부탁하면서 다다미 가는 비용을 달라고 하는 자도 있었다. 또한 싸움기술 비전서를 맡기고는 고방10료를 무리하게 빌려가는 자도 있어 이리저리 돈을 우려내어 결국은 빈털터리가 되어버렸다. 이전의 훌륭했던 옷차림이 4,5년 사이에 초라해졌고 지금은 고다니(小谷)의 비구니 절[12] 근방에 집을 빌려 벼루상자 하나 없는 상태가 되어버렸다. 풍로에 테두리가 달아난 솥을 얹어 밥을 지어서는 국물 없이 먹고, 어떤 때는 떡만으로 끼니를 때우며 아무것도 없을 때에는 허리띠를 졸라매

10) 8쪽 주1)참조.

11) 에도시대 상가(商家)에서 지배인인 반토(番頭)와 견습점원인 뎃치(丁稚)의 중간에 위치하는 신분.

12) 오사카시 주오(中央)구 류조지초(竜造寺町)에 있는 천태종의 비구니 절.

고 공복을 참으며, “잎만 남은 3월 무우도 배를 채울 수는 있다”며 이것을 먹는 일도 있었기 때문에 자연스러운 채식생활이 되었다.

이 남자의 북쪽 이웃에는 관음보살을 등에 지고 돌아다니며 구걸을 하는 거지중이 살고 있었는데, 오징어회를 만들고 나마스(鱠)[13]의 실파냄새를 풍기며 늘 소금에 절인 생선반찬을 먹지 않는 날이 없었다. 남쪽 이웃에는 탈의한 노파상을 짊어지고 걸어 다니는 승려가 살고 있었다. 이 남자는 솜이 든 낡은 무명옷을 많이 마련해 두고 하룻밤에 6몬(文)씩 받고 추위에 떠는 가난한 사람들에게 빌려주고는 아침이 되면 한쪽 끝에서부터 옷을 벗기며 돌아다니니 눈앞에서 지옥의 모습을 보는 듯 했다.

이런 곳에 살다보면 한심스러운 기분이 되는 것은 인간 누구나가 마찬가지일 것이다. 기타바마의 다이진도 지금은 알선업체의 심부름꾼을 하며 첩살이 하는 사람의 갈아입을 옷을 들고 동행을 해도 분하다고는 생각하지 않게 되었다. 돈이 되는 것이라면 낙태한 아기의 포의까지도 버리러 갔다. 인간이 추락해가는 모습만큼 한심스러운 것은 없다. 살아있는 보람이 없지만 그런 경우가 되면 죽지도 못하는 듯하다. 그러나 예전의 대범한 기풍이 남아있어 종이 한 장이라도 속이는 얄팍한 마음은 없었다.

---

13) 생선이나 채소를 초에 무친 요리.

어느 저녁 무렵, 이마바시(今橋)[14]의 겡킨(現金)이라는 다이진이 한창때가 지나는 것을 아쉬워하며 등나무 꽃구경을 하러 나갔다 돌아오는 길에, 조금씩 내리는 봄비를 만나 처마에서 처마로 비를 피해 걷고 있었다. 그때 기타바마의 다이진이 찢어진 우산을 쓰고 이쪽으로 오다가 이마바시의 다이진을 발견하고는 "이 우산을 쓰시오"라고 했다.

그 마음이 고마워 권유대로 우산을 빌려서 보니 〈에치고마치(越後町) 교야(京屋) 50자루 중 하나〉라는 아게야 이름이 적혀져 있었다. 거기에 마음이 끌려 그 남자의 뒤를 쫓아가 남자가 들어간 집 입구를 들여다보니 동쪽 창은 못 쓰는 종이로 발려져 있었는데, 모두 닥나무로 만든 고급종이에 적힌 편지였다. 자세히 보자, 이는 틀림없이 아타라시야의 다유인 긴다유로부터의 편지였다. 읽어보니 여러 가지 달콤한 문장으로 채워져 있었다. 특히 연서에서 자주 쓰는 비장의 수법인 "제 목숨은 당분간 당신으로부터 빌린 것이옵니다"라는 문구는 누구나가 기뻐하는 표현이다. 왠지 흥미로워져 양해를 구하지 않고 집안으로 들어가 방안의 모습을 보자, 아래쪽 벽지는 모두 다유로부터 받은 편지였기에 "다유와는 무슨 인연이 있습니까"라며 지나간 일을 물어보았다. 그러자 아무것도 숨기지 않

14) 오사카시 주오(中央)구 히가시요코호리카와(東横堀川)의 다리.

고 "긴다유로 인해 보시는 바와 같이 이런 비참한 신세가 되었습니다"라고 한다. 이에 이마바시의 다이진은 "긴다유와는 지금 만나고 있는 사이인데 이렇게 다유의 편지를 다른 사람들에게 보이는 것은 곤란합니다"라며 오래된 편지를 모두 받아가지고는 고방 3료를 쥐어주고 돌아갔다. 이 다이진도 분명 머지않아 이 남자처럼 영락해버릴 것이리라. 이 일은 "긴다유의 편지인지, 빚을 독촉하는 청구서인지 뒷골목 셋방살이하는 사람들은 분간도 못하는데"라며 이후 세상 사람들의 웃음거리가 되었다.

사이카쿠가 남긴 선물

권2

소맷자락을 파고드는 차가운 아타고(愛宕)[1] 바람

사카이(堺) 도쵸(嶋長)의 꽃놀이 단풍놀이
부서진 담벼락 사이로 귀한 고방이 보이네
백 살이 되어도 유녀는 유녀
점심을 거른 여행길
오두막집도 팔삭(八朔)[2]의 나마스

남들에게는 장구벌레처럼 여겨져도

금붕어 교겐(狂言)도 진부하기 짝이 없고[3]
에도 벚꽃도 두 번 피어나니
아들의 단벌옷
나팔꽃 씨를 따는 노파
벽걸이 불단 문도 차를 끓이는는 땔감이 되네

1) 아타고(愛宕)산은 교토시 우쿄(右京)구에 있는 산으로, 산 정상에 아타고신사가 있고 지장보살이 모셔져 있다. 이 지장보살은 방화(防火)의 신으로 알려져 있다.
2) 8월 초하루에 햇곡식을 주고받으며 수확의 기쁨을 나누는 민간행사.
3) 이에 대한 묘사는 본문에 보이지 않는다.

괴로운 떡 가게, 쓰라린 디딜방아 밟기

신마치 유곽 밤거리의 호객행위

면실(綿実)을 수확하는 가을은 주머니가 두둑해지고

보쿠한(木半)의 처지

자시키(座敷)무용[4]으로 사랑은 시작되고

포렴문양에는 예전 한창이던 때의 자취가 남아있네

4) 아게야의 넓은 객실 등에서 열리는 유녀가 총동원된 무용.

권 2-1 소맷자락을 파고드는 차가운 아타고(愛宕) 바람

교토(京都)는 가까이 산들이 있어 솔바람이 도시구석까지 파고든다. 겨울이 되면 끊임없이 겨울비가 내리며 눈도 지겨울 정도로 많은 곳이다. 세모가 다가오면 땔감용 흑목(黑木)을 파는 소리가 평소보다 분주한 듯 들린다. “지금부터는 해가 지는 것도 꿈과 같이 빠르게 느껴질 것이다. 보물선에 실어두었다는 마법의 망치(打出の小追)[1]도 무일푼인 자가 쳐서는 사창놀음을 할 정도의 적은 돈도 나오지 않는 세상이다. 돈이란 없어서는 안 되는 것이니 다 낭비하기 전에 아끼는 것이 좋다”라는 충고를 스스로 돈을 함부로 써서 이를 후회한 자가 들려주었다. 하지만 이 말에도 귀를 기울이지 않고 있다가 무일푼이 되고나서야 깨닫는 사람이 있기 마련인데, 그래서

1) 치면 무엇이든 원하는 것이 나온다는 마법의 망치.

는 이미 늦다. 옛날부터 사람들이 유녀놀음의 한도를 알고 있었다면 이와 같은 신세가 되지는 않았을 것이다.

언제던가 센슈(泉州) 사카이(堺)에 도쵸(嶋長)라는 다이진이 살고 있었다. 이 다이진은 처음에는 가부키 소년배우를 상대로 남색놀음을 즐겼는데, 사람들의 눈을 피하기 위해 놀잇배에다 미네노고자라시(峰の小曝)[2]를 태우고 매일같이 에비스지마(戎島)[3]로 가서 유흥을 즐기며 남들이 하는 만큼의 사치를 하였다. 그런데 어느 무렵부터인가 시마바라로 드나들기 시작했다. 오사카야(大阪屋)의 다유 노카제(野風)[4]에게 조종되어 돈을 쓰면 쓸수록 깊이 빠져들어 여색남색 양쪽을 즐기는 바람에 재산을 다 날려버렸다. 그렇게 명성이 자자하던 다이진도 이로써 비참한 모습이 되어 버린 것이다. 사철의 풍물을 자잘하게 새겨 넣은 고소데(小袖)를 겹쳐 입었는데, 지금은 완전히 행색이 초라해져, 폭이 좁은 옅은 감색 무명솜옷을 입고 셋집살이를 하는 불쌍한 신세가 되어 버렸다. 이윽고 이전에 부렸던

---

2) 엔뽀(延宝;1673-1681)・덴나(天和;1681-1684)기에 오사카 도톤보리(道頓堀)에서 활약했던 가부키배우로 미소년역을 맡았다.

3) 간분(寛文)4년(1664)8월8일 사카이(堺)항 북단에 생긴 섬. 간분 연간에는 극장과 차야가 생겨 번화하였다.

4) 시마바라 시모노초(下之町) 오사카야타로헤에(大阪屋太郎兵衛)에 소속된 다유 노카제(野風). 엔뽀4년(1676) 10월 다유가 되었다고 한다(시키도오카가미(色道大鏡)).

데다이들의 온정으로, 한 달에 45몬메씩 받는 거룻배의 임차료를 주인과 하인, 하녀 세 사람이 살 수 있는 생활비로 만들어 주었는데 그것으로 식초, 된장, 차, 땔감 등을 마련하며 살 수 있었다.

한심한 이야기지만 왕년 한창이었던 때에는 유곽에 보내는 편지 심부름 값만으로도 한달에 100몬메 이상을 장부에 기록했다. 살아있으면서 이렇게까지 몰락해버린 것이 세상에서 자기 혼자인 것만 같아서 분한 마음을 금할 수 없었다. 하지만 이것도 어쩔 수 없는 운명이라 여기고, 사카이포구에서 그물로 잡아 올린 한바구니에 5~6몬하는 해초 섞인 작은 정어리를 깎아서 사서는 팔삭날 손수 나마스를 만들어 배불리 먹는 것을 낙으로 삼았다. 그런 사소한 즐거움으로는 살아있는 보람도 없을 터인데, 막상 신세가 그렇게 되다 보면 혀를 깨물고 죽을 수도 없는 일이다. 사형이 결정되어 곧 목이 날아갈 자도 그날 아침밥을 먹기 위해 젓가락을 드는 것이니, 사람의 목숨만큼 아까운 것은 없는 것인가 보다.

세상을 버린 이 남자도 빌 것이 있는지 매해 정월, 5월, 9월은 불도에 정진해야하는 달[5]이라며 9월 24일 방화(防火)의 신이 모셔져 있는 아타고산에 참배하러 갈 결심을 하였다. 하루 이틀 정도의

5) 정월, 5월, 9월은 삼제월(三齋月) 또는 삼장월(三長月)이라 하여 살생을 금하고 불도에 정진하는 달로 여겨졌다. 중국에서 전해진 풍습이다.

여행준비를 하고 하인에게는 보따리를 들려서 짚신을 신고 집을 나섰다. 하녀는 주인의 차림을 곰곰이 살피며 "코가 저렇게나 높은데, 무슨 소원이 있겠는가. 아타고산의 천구(天狗)도 주인님에게는 기가 죽을 거야. 불조심이라는 것도 재산이 있는 사람이 지장보살에게 비는 것인데, 빈집을 지키지만 재산이라고는 텅 빈 긴 궤짝 하나밖에 없으니 만일의 경우 이것마저 여자 혼자서도 들고 달아날 수 있는 것인데, 가난한 자에게는 바보 같은 참배야"라는 생각을 했지만 주인의 분부였기 때문에 기분 좋게 배웅했다.

이 다이진은 예전부터 교토에 잠깐 올라갈 때에도 사카이에서 가마꾼 여섯 명이 딸린 밤가마를 이용했다. 가마꾼 한 명당 7몬메씩 42몬메를 내면 하늘을 나는 것처럼 심야에 요도노코바시(淀の小橋)[6] 다릿목에 있는 우소노니헤에(偽の仁兵衛)의 역참에 도착할 수 있었고, 그곳에서부터는 시마바라의 마중용 등불을 보내오도록 하는 등, 요도(淀)의 물방아처럼 사람들을 자유롭게 움직인 적이 있었던 옛날을 회상하며 그 주변을 바라보다가 삿갓으로 얼굴을 가리고는 역참 앞을 조금 잰 걸음으로 지나갔다. 도바(鳥羽)[7]의 우마를 간

---

6) 교토시 후시미(伏見)구 요도(淀)에서 맞은편 강가에 놓은 다리로 당시의 길이가 약 130미터였다고 한다. 요도노오오하시(淀大橋)에 대한 명칭이다.
7) 교토시 후시미구에 있으며, 주로 교토와 후시미 간의 운송을 담당하는 우마차(牛馬車)숙소가 있었다.

신히 피해 지나가니 이윽고 시모교(下京) 도지(東寺)[8]가 보였다. 거기에서부터 센본도오리(千本通)[9]로 갈라져 나와 시마바라유곽을 담 너머로 보면서 아게야마치(揚屋町) 뒤쪽으로 가자, 뭐라 해도 역시 교토인지라 대목을 맞은 유녀의 행차모습이 아름답다. 아게야 가시와야(柏屋)[10]와 마루야(丸屋)[11] 이층으로는 유녀의 의상이 보이는데 역시 붉은 옷이 가장 눈에 띈다. 그리고 고우타(小歌)소리와 샤미센(三味線) 소리도 들린다. "정말이지 참을 수가 없다. 다시 한번 금화 딱 천료만 있으면 이곳에서 화려하게 쓰며 놀아보고 싶구나"라고 생각하며 다이진은 아게야마치의 하치몬지야(八文字屋)[12] 뒤쪽 벽에 난 구멍사이로 안을 들여다보았다.

---

8) 교토시 미나미(南)구 구죠마치(九条町)에 있는 진언종 도지(東寺)파의 본산.
9) 당시 교토의 남북으로 통해있는 길로 스자쿠도오리(朱雀通)라고도 한다.
10) 시마바라 아게야마치(揚屋町)의 남단동쪽의 아게야 가시와야쵸에몽(柏屋長右衛門)(『시키도오카가미(色道大鏡)』).
11) 주10)의 가시와야 건너편의 아게야 마루야사부로헤에(丸屋三郎兵衛).
12) 주11)의 마루야 옆 가게로 센본도오리에 면해 있었다.

오른쪽은 시마바라의 깨진 담 사이로 아게야 하치몬지야 객실 안을 훔쳐보고 있는 사카이의 도쵸. 도쵸는 삿갓을 손에 들고 갸한(脚絆;정강이 보호대)에 짚신을 신은 여행차림. 뒤에 하인이 있다. 왼쪽 객실에는 펼쳐진 편지와 고방이 놓여져 있고, 이름 모를 유녀가 한쪽 무릎을 세우고 흐뭇한 듯 그것을 바라보고 있다. 오른쪽에 앉은 아게야 안주인이 편지에다 금화 5료를 덧붙여 가지고 와서 작금의 다이진들을 평하고 있다. 왼쪽은 가부로, 툇마루에는 두건을 쓴 야리테가 앉아 있다.

그러자 이름도 모르는 유녀가 방에서 좀 떨어진 곳에 마련해 둔 평상에 베개도 없이 드러누워, 요즘 유녀가 좀처럼 손에 쥘 수 없는 진짜 고방을 5료씩 네 군데 가지런하게 놓아두고는 뿌듯한 듯 바라보고 있다. 그리고는 뻔한 계산을 몇 번이나 반복하고 있다. 그 모습을 보고 있자니 웃음이 나와 "지금은 돈 사정이 좋지 않은 시기이니 저것은 교토의 손님이 준 돈은 아닐게야. 9월 20일이 지나 도착날짜를 정해서 보낸 고방 같은데, 아마도 돈을 보낸 사람은 시골출신의 유곽출입 경험이 없는 손님일거야. 다른 데는 몰라도 이런 곳은 저렇게 돈을 주지 않으면 대접받지 못하지"라는 생각을 하면서 계속해서 유심히 보니, 아게야의 안주인이 편지에 고방5료 정도를 함께 가지고 왔다. "한쿠(半九)님이 나에게도 편지를 보내오셨어. 답장을 쓸 때 고맙다는 인사를 같이 해 줘. 무슨 일이든 야리테만 믿고 돈에 신경 쓰지 않는 것은 옛날 일이지. 지금 이 시기의 20료는 옛날의 20료에 상당하지. 특히 북쪽지방 손님은 유녀로부터 받은 편지를, 자기가 사는 곳에서 자랑스럽게 사람들에게 보이며 히토마로(人丸)[13]나 쓰라유키(貫之)[14]의 필적보다도 더 소중히 여겨 닳는 것이 아까워 표구까지 해서 두루마리로 만든다는 거야. 거기에 비해 교토 손님은 편지를 끝까지 다 읽지도 않고 유곽에 오기 전에 들르는 나카야도(中宿)[15]에다 내팽개쳐놓기 때문에 결국은 맷돌깔개가 되어 다유의 이름이 밀가루로 더럽혀지는 것은 어쩔 수 없는 일이지. 게다가 또한 지금의 교토의 다이진은 우아하게 거드

---

13) 『만요슈(万葉集)』의 대표가인 가키노모토노히토마로(柿本人麿).
14) 『고킨슈(古今集)』의 편찬자이자 중고시대의 대표가인 기노쓰라유키(紀貫之).
15) 유곽에 출입하기 전 옷을 갈아입거나 하는 차야.

름을 피우기만 하지 마음대로 움직일 수도 없어. 어차피 유녀라는 직업은 남자를 가리지 않아야하며, 설령 말에 사투리가 섞여있고 노는 것이 촌스럽다 해도 이런 편지를 보내주시는 분을 다이진이라 여기시게. 원래 스이라는 것은 유녀에게는 아무 도움도 되지 않는 것. 아주 세련되고 자랑할 만한 남자는 교토, 오사카, 사카이(堺)에 많이 있지만, 그런 사람들은 사리분별도 없이 돈을 다 써버리고 결국은 아게야 앞을 지나가는 것도 피하게 되어 멀리 돌아서 길을 가게 되지. 타고난 바보들이야. 유녀놀음만 한다면 오래오래 즐길 수 있는데, 가부키 소년배우에게까지 손을 뻗게 되면 전 재산을 날리게 되어 정해진 돈으로 한창때를 부자유스럽게 살게 되지. 그게 무슨 재미가 있겠어"라는 안주인의 이야기를 듣고 있자니 넌지시 자신을 빗대어서 하는 말로 들렸다. 이런 처지가 된 것도 타고난 운명이다, 저 안주인의 말이 옳다며 다이진은 몸을 떨며 그 자리를 떴다. 하시모토(橋本)[16] 나룻터에서 마쓰노오(松尾)[17]를 지나 곧바로 아타고로 갔다면 이런 싫은 소리도 듣지 않았을 터이다. 이 유곽을 멀리서나마 보고 싶은 마음에 볼일이 없는데도 교토에 들러서 아게야 안주인의 뼈아픈 말을 듣게 된 것이다. 이제는 정말 교토가 싫어졌다.

16) 교토 야하타(八幡)시 다이지(大字)로 요도가와(淀川)의 왼쪽 강가.
17) 현재의 교토시 니시교(西京)구.

사가(嵯峨)에 도착하자, 날이 저물기 시작했다. 호객하는 여자에게 붙들린 소매를 뿌리치지 못해 그곳에서 하룻밤을 묵기로 했는데, 후데야(筆屋)라는 객실이 넓은 여관이었다. 때마침 제철인 송이버섯을 안주로 한 술상이 나오고 극진한 대접을 받았다. 시중드는 여자도 그다지 나쁘지 않은 편이었고 비위를 잘 맞추어 주었는데, 어쩐지 몸가짐에서 유녀다운 데가 있어 보였다. 게다가 그 여자는 적당히 나이를 먹었는데도 복도를 뛰어다니는 모습이 예사롭지 않았다.

말을 걸어 옛날 일을 묻자, 짐작대로 도사(土佐)라는 시마바라의 다이코죠로였다. 소매에 베이게 한 향내음도 흔한 것이 아니었다. 참배 도중에는 몸가짐을 바로하지 않으면 안 되는 것도 잊어버리고, 목면이불이 초라하게 여겨졌지만 마음은 다유를 만나고 있는 듯 했다. 그래서 돌아오는 길에도 이 여자와 즐거운 시간을 보내고 남은 불전을 모두 이 여자에게 쥐어줬기 때문에 야마자키(山崎)[18]에서 오사카로 내려오는 배 삯조차도 남지 않게 되었다. 하는 수 없이 남이 신다 버린 짚신을 주워 신고는 점심도 거른 채 사카이에 도착했다.

그 후, 이 사카이 다이진은 만나는 사람마다 "이렇게 넌더리가 날 만큼 비참한 신세가 되어서도 끊을 수 없는 것이 색도입니다"라는 한탄을 하였다.

---

18) 권1-2 주10) 참조.

남들에게는 장구벌레처럼 여겨져도

권 2-2

봄에 피었던 우에노(上野)[1] 벚꽃이 초겨울에 다시 피어나니 쓸쓸한 계절에 봄을 맞는 기분이 되어 사람들은 찬바람도 마다않고 꽃구경을 나갔다. 이에 조용한 에도도 꽃구경하는 사람들이 모여들어 활기를 띄었다. 구로몬(黒門)[2]에서 이케노하타(池のはた)[3]쪽으로 걸어가다 보면, 놋쇠상 이치에몽(市右衛門)이라는 자가 금붕어와 은붕어[4]를 팔아 유명해진 가게가 나타난다.

마당에 수조 7~80개가 나란히 놓여있고 깨끗한 물에 떠 있는 수초사이로 붉은 금붕어가 세 갈래 꼬리를 움직이며 헤엄치는 모습

---

1) 우에노(上野)는 에도시대 최고의 벚꽃명소였다.
2) 우에노 간에이지(寛永寺)의 바깥문. 먹으로 칠해졌기 때문에 구로몬(黒門)이라 불린다.
3) 시노바즈이케(不忍池) 남서부일대의 명칭. 간에이지(寛永寺) 문전에 위치하고 있으며 상가가 늘어서 있었다.
4) 「금붕어. 덴나 연간에 외국에서 건너왔음・・・나이들면 하얗게 됨. 이것을 은붕어라고 한다. 원래는 한 종류이다」(조쿠에도스나고(続江戸砂子))

은 보기에도 아름답다. 개중에는 한척이 넘고 비늘이 반짝이는 금붕어를 5료나 7료를 주고 사가는 자도 있다. 그것을 지켜보고 있던 쵸닌 3명 중에 한명이 "이렇게 비싼 값을 주고 금붕어를 사는 일은 먼 시골에는 없는 일이다. 이것은 높으신 분 자제들의 놀이거리가 되겠지. 무슨 일이든 눈으로 직접 보지 않으면 안 돼. 여하튼 에도 사람들의 마음은 무사시노(武蔵野)[5]처럼 넓기만 하구나." 라는 말을 하고 있는데, 행색이 초라한 한 남자가 자그마한 손 그물에 작은 통을 함께 들고 이쪽 금붕어가게로 온다. 통 속에 든 게 무언가 싶어 보니 금붕어먹이인 장구벌레이다. 하루 종일 모은 벌레를 겨우 제니 25몬에 팔고는 "내일 또 가지고 올 테니 잘 부탁합니다"라며 하인들에게 인사를 하고 돌아간다.

이 모습을 보고는 에도에도 가난한 생활을 하는 사람이 있구나라며 세 사람이 가여운 마음으로 그 남자를 자세히 보니, 뜻밖에도 이세마치(伊勢町)[6]에 살던 달밤의 리자에몽(利左衛門)[7]이라 불리던 다이진이었다. 집을 떠나 어디에서 살고 있는지도 몰랐는데, 정말이지 초라한 모습으로 변해 있었다.

---

5) 관동평야의 일부. 사이타마(埼玉)현 가와고에(川越)시 이남에서 도쿄 서부까지 펼쳐진 지역.
6) 현재의 주오(中央)구 혼마치(本町) 1,2초메(丁目).
7) 유곽에서의 별명.

"이전에 친했던 친구들이 모두 자네를 무척이나 그리워하고 있네. 이렇게 사는 줄 몰랐으니 지금까지 자네에게 비참한 생활을 하게 한 것은 어쩔 수 없는 일이다. 앞으로는 우리들이 책임지고 크게 여유롭지는 못하겠지만 편히 지낼 수 있도록 해 주겠네"라는 말을 그 중의 한 사람이 꺼냈다. 그러자 리자에몽은 이런 비참한 처지가 되고도 이전의 호탕함이 남아있어 "유녀놀음의 말로가 이와 같은 것은 당연한 일로 그다지 부끄럽다고는 생각하지 않네. 호의는 고마우나 여러 사람들 신세를 지는 것은 싫네. 이 리자에몽이 영락했다하나 마음까지도 천해져 놀이친구들의 온정으로 살아간다는 말은 듣고 싶지 않아. 자네들의 호의는 정말로 고맙네. 오랜만에 만났는데, 다시 만날 일은 없겠지. 내가 술 한잔 사겠네. 잠시 즐기지 않겠는가"라며 맨 먼저 금붕어가게를 나와 근방의 차야에 걸터앉아 "이것밖에 없네. 술을 내 주시게"라며 장구벌레를 팔고 받은 돈 25몬을 내던졌다. 그런데 이 돈은 집에 있는 아내가 저녁밥 준비를 서두르며 냄비를 씻으며 기다리고 있을 돈인데, 조금도 주눅 들지 않는 성격이었기에 모두가 눈물을 글썽이며 "언제 비가 올지 모를 하늘이니 어떤가, 자네 집으로 가서 옛날이야기나 하면서 술을 마시면 한층 즐겁겠는데. 지금의 집사람이 기치슈(吉州)[8] 였지. 사이는

8) 기치슈는 유녀의 실제 이름이 아니라, 기치(吉)라는 글자에 슈(州)를 붙여

좋은가."라고 묻자, "이 유녀 때문에 이런 신세가 되어버렸지. 허나 유녀에게도 진심이 있다는 것을 알게 되어 4년 전에 사내아이가 태어났네. 그 애가 아버지, 어머니하고 부르는 소리를 낙으로 삼아 지금까지 살아왔다네"라며 리자에몽이 꿈처럼 이야기하는 것을 세 친구는 망연히 듣고 있었다. 야나카(谷中)절[9]의 저녁을 알리는 종이 울릴 무렵, 바람에 흔들리는 오죽소리를 들으며 에사시마치(餌差町)[10] 동쪽 변두리에 도착했다. "여기 뒤편에 작은 집이 있는데 세 사람이 함께 들어오면 딱히 앉을 자리도 없을 걸세. 그래도 괜찮겠지. 새삼 무얼 숨기겠나"라며 리자에몽이 세 사람을 안내하며 들어가자, 갈대를 엮어 만든 울타리에 가을을 지나 말라버린 나팔꽃덩굴이 엉겨붙어있다. 일흔이 넘어 보이는 노파가 다시 내년의 꽃이 핀 모습을 즐기기 위해 그 덩굴의 씨를 하나하나 찾아 따고 있었다. "인간의 목숨이란 이슬처럼 덧없는 것인데, 이 노파는 그것을 알까"라며 그 얼굴을 자세히 바라보고는 "할머니, 잠시 지나가겠습니다"라는 인사를 격식 없이 하고는 지나왔다. 무너진 우물가를 위태롭게 지나 그늘에 담뱃잎을 매달아 말리고 있는 줄 아래를 빠져나오

친근하게 부른 명칭일 것이다. 야마토(大和)를 와슈(和州)라 부르는 것과 마찬가지 경우라 할 수 있다.

9) 도쿄도 다이토(台東)구의 지명. 덴노지(天王寺)・야나카(谷中) 묘지를 중심으로 하는 일대로, 사원이 많다.

10) 현재의 분쿄(文京)구 고이시카와(小石川) 2초메(丁目)에 해당한다.

니, 아이가 창문으로 아버지 모습을 보고는 "아버지가 돈을 벌어 오셨다"고 외치는데 그것이 참으로 가엽게 느껴졌다.

집사람은 이전 유녀였을 때와 마찬가지로 눈살미가 있어 남편과 같이 온 무리를 보자마자 "세 분 중에 이즈야키치로헤에(伊豆屋吉郎兵衛)님은 들어오지 마세요. 다른 두 분은 괜찮습니다"라고 한다. 남편를 비롯해 모두가 의아해 "어째서 이즈야(伊豆屋)에게만 심하게 구는 것입니까"라고 한사람이 묻자, "유녀라는 직업은 어쩔 수 없는가 봅니다. 이즈야님과 남편 친구인지 모르고 딱 한번 동침한 적이 있었는데, 그것이 지금도 마음에 걸립니다. 남편에게 숨길 필요도 없는 일입니다"라며 소리 없이 눈물을 흘린다.

들어보니 지당한 처사인지라 가슴이 아팠고 남편도 그 진심에 만족하여 "유녀의 신분이었을 때는 그런 일이 당연할 수 있는 것인데도 마음가짐이 이러하니 참으로 기특하구려"라고 했다. 그리고는 이내 마음이 밝아져 "하지만 이 자는 내 손님이네"라며 세 사람을 집 안으로 들였다. "우선 차라도 내오게"라고 했지만 찻물을 끓일 땔감이 없다. 그러자 아내는 벽에 매달려있는 불단의 문짝이 떨어져 있는 것을 보고는 그것을 식칼로 쪼개어 찻물을 끓이는 재치를 발휘했다.

"그런데 보배 같은 아들은 어디 있나"라며 모두가 둘러보자, 아들은 알몸인 채로 천 열네다섯 장 정도를 이어 붙여 만든 이불을 둘러쓰고는 어깨를 움츠리며 추위에 떨고 있다. 그 모습이 너무나 가여워 보여, "이렇게 추운데, 왜 저러고 있지요"라고 묻자, 리자에몽 아내는 웃으며 "저렇게 옷을 벗어 던진 채 저와 무리한 입 싸움을 하고 있는 중이었어요"라는 대답을 한다. 그러나 이 말이 끝나기가 무섭게 아들이 "도랑에 빠져 옷을 벗고 있으니 이렇게 춥지요. 옷이 말랐으면 빨리 입고 싶어요"라며 울음을 터뜨렸다.

달밤의 리자에몽의 집. 하오리를 입은 옛날 놀이친구와 이야기를 나누고 있는 리자에몽은 하오리를 입고 있지 않다. 그 옆에는 알몸으로 이불 속에 들어가 있는 아들. 물을 끓일 땔감이 없어 불단 문짝을 식칼로 쪼개고 있는 기치슈의 가엾은 모습이 그려져 있다.

남편도 아내도 어지간히 마음이 굳센 편이었지만, 이 말을 듣자 이성을 잃고 울기 시작했다. 이에 손님들도 잠시 할 말을 잃었다. 저 아이에게는 갈아입을 옷이 없었던 것이다. 부모로써 제 자식이 귀엽지 않은 자가 없을 터인데, 생활이 너무나 어렵기에 이러한 괴로움을 겪게 하는 것이리라.

슬픔을 이기지 못해 아무 말도 하지 못하고 그 자리를 일어설 때, 세 사람은 의논하여 각자 수중에 있는 돈을 꺼내어 모아보니 일부짜리 금화38닢과 작은 은화70닢 정도가 되었다. 이것을 몰래 막사발에 넣고는 묵묵히 그 집을 나왔다. 배웅하러 나온 리자에몽과 인사를 나눈 뒤 세 사람이 완전히 저문 길을 서둘러 걷고 있는데, 리자에몽이 방금 놓고 온 돈을 들고 쫓아 와서는 "이게 어찌된 일인가. 어떤 일이 있어도 이유 없는 돈을 받을 수는 없다네"라며 친구들이 해명하는 것도 듣지 않고 그 돈을 내던지고는 돌아가 버렸다.

하는 수 없이 세 사람은 그 돈을 주워 각자의 집으로 돌아왔다. 그로부터 2, 3일이 지난 뒤 인편으로 그의 아내에게 다시 돈을 보냈는데, 이미 그 일가족은 시골로 이사를 가버렸고 빈 집만 남아있었다. 여러모로 수소문을 해 보았지만 행방을 알 수 없었다. 세 사람은 이를 슬퍼하며 "생각해보면 유녀놀음도 고생의 씨앗이다"라며 이 일 이후로는 모두가 유곽출입을 그만두어버렸다. 세상일이란 앞을 내다볼 수 없는 법이다. 묘한 일이 계기가 되어 그 무렵 잘 팔리던 우스구모(薄雲)[11] · 와카야마(若山)[12] · 이치가쿠(一学)[13], 이 세 명의 상대 유녀는 그 때문에 상당한 손해를 입었다는 소문이 세상에 떠돌게 되었다.

---

11) 요시와라 교마치(京町) 미우라야시로자에몽(三浦屋四郎左衛門)소속의 다유.
12) 요시와라 스미초(角町) 고로헤에(五郎兵衛)소속의 고시죠로.
13) 요시와라 2초메(丁目) 우측의 나카무라야고헤에(中村屋五兵衛)소유의 산챠죠로(散茶女郎).

괴로운 떡 가게, 쓰라린 디딜방아 밟기

권 2-3

무슨 일이든 그 길에 완전히 빠져보지 않으면 선과 악을 구별하지 못하는 법이다. 가와치(河内) 다카야스(高安)[1]산기슭 언저리 마을에 한 남자가 살았는데, 부친이 면을 팔아 모은 돈을 모두 쌓으면 특대형 소가 누워있는 만큼의 부자였다. 이를 이 남자가 고스란히 물려받았는데, 아무리 써도 일생동안 다 쓸 수 없을 정도의 어마어마한 재산이었다. 게다가 이 남자는 유흥을 멀리하여 오사카 우에마치(上町)[2]근방에 유녀가 아닌 여자를 첩으로 삼아 매달 그믐에 쌀 1말 5되와 다다미 6첩 분의 방값 2몬메만을 주고는 이보다 좋은 재미거리가 없다며 세상을 마음 편히 살고 있었다.

---

1) 현재의 오사카부 야오(八尾)시 야마모토다카야스초(山本高安町)에 해당한다. 면의 산지로 유명하다.

2) 오사카시 동부의 고지대로, 사창이나 첩살이집이 많았다.

어느 때인가, 교토에서 규슈(九州)의 어느 번(藩)의 무가에 고용살이를 갔다가 계약기간이 끝나 부모 곁으로 돌아온 여자가 있었다. 그 여자의 일자리를 주선해 주었던 사람이 오사카로 와서 그 번의 구라야시키(蔵屋敷)[3]에서 여자를 거둘 것이라 했는데, 이 말을 다카야스의 쇼야(庄屋)[4]가 오사카의 지정여관[5]에서 듣고는 그 여자를 1년에 은화 5장을 주기로 계약하고 시라가마치(白髮町)[6] 관음당 근처에 방을 빌려 첩으로 삼았다. 나이든 노파를 한 명 붙여놓고, 평상시는 대문을 잠그고 그 집 바깥쪽 가게에 살고 있는 가난한 칠기제조업자에게도 때때로 이 첩의 감시를 부탁하여 외부로부터 남자의 출입을 엄하게 막고 있었다. 그 때문에 교토에서 딸을 만나러 올라온 아버지도 밥은 대접받았으나 밤에는 다른 곳에서 자야 했으며, 첩이 외로움을 달래기 위해 기르고 있던 삼색 털 고양이도 그것이 수컷이라는 것을 알고 나서는 이마저도 다른 곳에 주어 버렸다.

정말이지 질투심 많은 시골 다이진이었던 것이다. 이 남자는

---

3) 각 번이나 사찰 · 신사가 영내의 산물을 오사카로 회송해서 판매하도록 한 창고 겸 거래소.
4) 번주(藩主)가 뽑은 촌장. 이 장의 첫머리에 소개된 남자를 가리킨다.
5) 쇼야(庄屋)가 공무로 출장할 때의 지정여관.
6) 지금은 없어진 지명으로, 당시의 시라가마치(白髮町)는 니시나가호리가와(西長堀川)를 사이에 둔 양측을 말한다.

자신이 사는 곳의 쇼야도 겸하고 있었기 때문에, 조금은 백성들의 눈을 의식해 낮에는 공무에 힘을 쏟았지만 저녁이 되면 오사카까지의 40리길을 급행 가마를 타고 매일 밤 신마치 유곽의 동문에서 서문 쪽으로 빠져나와 첩을 만나러 다녔다. 그러면서도 신마치의 가게들이 밝혀놓은 밤 등불에는 눈길조차 주지 않고 3년 이상을 매일 다녔다. 이것을 보고 그 칠기제조업자가 "먼 곳을 다닐 시간이 있는데도 유곽출입을 하지 않는 것은 우스운 이야기지요. 하물며 신마치 도로를 관통하여 지나가면서도 첩에게만 많은 돈을 쏟아 붓고 있는 바보입니다"라는 이야기를 대나무피리를 가르치고 있는 나가사키 간쥬로(長崎勘十郎)라는 자의 집에서 많은 젊은이들이 모여 놀고 있을 때 해 주었다. 이야기를 들은 사람들이 모두 크게 웃으며 "그 돈 많은 촌뜨기를 어떻게든 본바닥 유곽에 쳐 박아 넣고 싶네. 우리들은 돈이 없으니 탐탁치도 않는 차야(茶屋)여자나 목욕탕 여자같은 사창을 상대로 놀고 있지만 말이야. 마음먹은 대로 되지 않는 세상이지 않은가. 올해도 또 면이 풍작인 것 같으니 그 쇼야 주머니로 굴러들어갈 돈이 욕심나네. 그렇게 돈을 벌면 나는 절대로 품에 넣어 두지는 않을 거야. 고노무라야(木村屋)의 다유 고다유(小太夫)[7]

7) 신마치 시모노초(下之町) 고노무라야마타지로(木村屋又次郎) 소속의 다유.(『나니와도라(難波鉦)』)

를 적어도 30일만 덴진인 야마토[8]와 같이 살 걸세"라고 한다.

그 자리에 야기야(八木屋)의 기리야마(霧山)[9]와 친한 보쿠한(木半)이라는 다이진이 있었는데, 이 이야기를 듣고는 "그 참 재미있는 취향을 가진 사람일세"라며 관심을 보였다. 보쿠한은 "아무래도 그 자는 유녀를 상대로 한 호화로운 놀이의 재미를 모르는 듯하네. 나가토(長門) 하기(萩)[10]의 시오미치(塩道)라는 은거노인은 가센(歌仙)[11]을 기적에서 빼내어 집에 두고 꽃처럼 애지중지했으며, 가부키배우 중에서는 한창 미모가 절정이었던 마쓰시마 한야(松島半弥)[12]를 상대로 놀았다. 시로코마치(白子町)[13]의 하리마(播磨)라는 다이진은 다유 세야마(背山)[14]를 손에 넣고 일생의 낙으로 삼았다. 또 아마가사키마치(尼崎町)[15]의 시오(塩)라는 다이진은 은

8) 고다유(小太夫)와 함께 『나니와도라(難波鉦)』에 덴진 야마토(大和)의 이름이 보인다.
9) 신마치 아와자(阿波座)의 야기야닌베에(八木屋仁兵衛) 소속의 다유.
10) 야마구치(山口)현 하기(萩)시.
11) 신마치의 유녀 평판기인 『만산리구사(満散利久佐)』와 『나니와도라(難波鉦)』에 가센이라는 덴진이 보인다.
12) 초대 마쓰시마한야. 처음에 와카슈(미소년역)를 맡다가 나중에는 온나가타(여자역)로 이름을 떨쳤다.
13) 현재 오사카시 니시(西)구 도사보리도오리(土佐堀通)2초메(丁目)일대를 가리킨다.
14) 신마치 사도시마초(佐渡島町)의 사도시마야칸에몽(佐渡島屋勘右衛門) 소속의 다유.
15) 현재 오사카시 히가시(東)구 이마바시(今橋) 3초메(丁目)에서 니시요코호

화로 깊은 못을 메울 만큼의 돈을 다 써버려, 그 후로는 쓸모없는 신세가 되어 부처도 없는 덴마(天滿) 도지마(堂島)[16]에 몸을 숨겼다. 그러고 나서는 점점 생계꾸리기도 힘들어져 북과 노래 박자를 가르치면서 한편으로는 바둑모임을 열어 겨우 하루하루를 연명했다. 이 남자가 유일하게 낙으로 삼던 다유 긴고(金吾)[17]도 이 남자를 사랑한 나머지 비구니가 되어버렸다. 예전의 착실한 유녀들에 비하면 요즘 유녀들은 곧잘 변심을 하는데, 긴고는 실로 훌륭한 처신을 하였다고 할 수 있다. 대개 유녀만큼 의리를 중히 여기고 정 많고 재미있는 여자는 없다. 그럼에도 소중한 돈으로 보잘 것 없는 여자를 상대로 놀다니 한심하기 그지없구나. 어떻게 해서든 그 쇼야를 꼬드겨 유리의 참 재미를 알게 해야겠다"라고 했다. 그러자 칠기제조업자는 고개를 가로저으며 "그 남자는 아무리 말해도 듣지 않을 것입니다"라고 정색을 하며 말했지만, 세상일이란 그대로 놔두어도 때가 되면 굴러가는 법이다.

리아마가사키바시(西横堀尼崎橋)까지를 말한다.

16) 덴마는 지금의 오사카시 기타(北)구로 가와사키(川崎)・소네자키(曾根崎)・도지마(堂島)・나카노시마(中之島)로 이루어져 있다.

17) 신마치 사도시마초(佐渡島町)의 사도시마야칸에몽(佐渡島屋勘右衛門) 소속의 다유.

다카야스의 쇼야가 가마를 타고 첩의 집을 찾아가는 장면. 오른쪽 위의 포렴에 「마키에집」이라고 되어 있는 것이 감시역을 맡은 「칠기제조」업자의 집. 따라서 첩의 집은 이 집 뒤편이 된다. 촌스러운 쇼야를 보고 있는 검은 하오리 차림의 남자는 세련된 다이진처럼 보인다. 뒤에는 하인이 따르고 있다. 그림 왼쪽 위의 가게간판에는 「대나무피리」라고 되어있는 것으로 보아 나가사키 간쥬로의 집. 담배를 들고 있는 것이 간쥬로인 듯. 그 앞에서 상자를 어깨에 매고 있는 남자와 소년은 쇼야가 데리고 있는 하인.

그해 7월말 신마치 아게야에서는 자시키무용이 시작되어 마을 아낙네들도 이를 몰래 구경하였다. 쇼야의 첩도 무용을 보고 싶다며 남편에게 졸랐지만, 좀처럼 허락하지 않았다. 첩은 끈질기게 졸라대며 "신마치 무용도 오늘 오기야(扇屋)[18]의 군무를 마지막으로 끝난다고 합니다. 그러니 제발 보게 해 주세요"라고 한다. 쇼야는 내키지 않았지만, 자꾸만 조르는 것이 귀찮아서 신마치 서쪽입구에서 향료가게를 하고 있는 신쿠로(新九郎)라는, 당시 잘 나가던 다이코모치의 안내를 받기로 하고 칠기제조업자의 모친에게도 말을 걸어 모두를 데리고 구경을 갔다. 신마치에서는 마침 그 때 다유들이 사도시마야(佐渡島屋)[19]에 모두 모여 있었다. 다카마(高間)[20]·오슈(奥州)[21]·아게마키(総角)[22]·가즈라기(葛城)[23]·아즈마(吾妻)[24]·무라사키(紫)[25]와 덴진(天神) 요시노(吉野)[26]가 보였는데, 요시노는 아직 어려 후리소데(振袖)[27]를 입고 있다. 아타라시야(新屋)의 긴다유(金太夫)[28]는 몸집이 자그마했지만 다유답게 당당한 데

---

18) 신마치 유곽내 에치고초(越後町)의 아게야 오기야지로헤에(扇屋次郎兵衛)이다.
19) 신마치 사도시마쵸(佐渡島町)의 유녀집.
20) 사도시마야(佐渡島屋) 소속의 다유.
21) 사도시마야(佐渡島屋) 소속의 다유.
22) 사도시마야(佐渡島屋) 소속의 다유.
23) 사도시마야(佐渡島屋) 소속의 다유.
24) 사도시마야(佐渡島屋) 소속의 다유.
25) 사이카쿠는 자주 에도 요시와라의 다유인 고무라사키(小紫)를 「무라사키」라고 약칭하였는데, 여기서는 『나니와도라(難波鉦)』에 보이는 오사카 신마치의 다유 무라사키이다.
26) 사도시마야(佐渡島屋) 소속의 덴진.
27) 겨드랑이 밑을 꿰매지 않은 긴 소매 옷. 미혼여성의 예복.
28) 신마치 시모노초(下之町) 아타라시야(新屋) 소속의 다유(『나니와도라(難波鉦)』).

가 있었으며, 단바야(丹波屋)의 고자쓰마(小薩摩)[29]의 늘씬한 모습도 아름다웠다. 같은 단바야의 이즈쓰(井筒)[30]는 가만히 있어도 아름다웠으며, 오코토(小琴)[31]의 야무진 모습도 보통이 아닌 듯 해 보기에 재미있었다. 아카시야(明石屋)의 모로코시(諸越)와 요시노(吉野)[32], 그리고 스미요시야(住吉屋)의 세가와(瀬川)[33]의 콧대는 알맞게 높았다. 사카이야(堺屋)의 기미카와(君川)[34]가 멍하게 있는 모습도 영리해 보이는 다른 유녀들보다 훨씬 눈에 띄게 아름다워 보였다. 또한 시치로(七郎)가 데리고 있는 하쓰세(初瀬)[35]는 야마토(大和)의 다이진이 아낌없이 돈을 쏟아 부어 화려한 복장을 하고 있다. 신마치 24명의 다유 중 19명이 한데 모인 것이다. 이 밖에도 덴진과 가코이죠로, 그리고 하급유녀 중에서 목소리 좋은 자가 선발되어

---

29) 신마치 사도시마초(佐渡島町) 단바야(丹波屋) 소속의 다유(『나니와도라(難波鉦)』).

30) 같은 단바야 소속의 다유(『나니와도라(難波鉦)』).

31) 같은 단바야 소속의 다유(『나니와도라(難波鉦)』).

32) 신마치 아와자(阿波座) 가미노초(上之町)에 있는 아카시야하치에몽(明石屋八右衛門) 소속의 다유 모로코시(諸越)와 요시노(吉野)(『시키도오카가미(色道大鏡)』『나니와도라(難波鉦)』).

33) 신마치 시모노초(下之町) 스미요시야기요헤에(住吉屋清兵衛) 소속의 다유(『나니와도라(難波鉦)』).

34) 신마치 히가시구치노초(東口之町) 사카이야(堺屋) 소속의 다유(『나니와도라(難波鉦)』).

35) 신마치 시모노초(下之町) 아타라시야마타시치로(新屋又七郎) 소속의 다유(『나니와도라(難波鉦)』).

총 132명의 유녀가 보라색 모자를 쓰고 손 박자를 맞추며 춤추기 시작하자, 사람들은 무희들의 허리놀림에 마음을 빼앗겼다. 옷자락이 벌어지는 모습이나 옷자락 양끝이 올라가는 모습, 그리고 뒷걸음질치는 발동작도 아름다웠다. 둥글게 만든 원 안의 의자에는 가부키배우, 다이코모치, 바람기 있는 다이진 등이 앉아 있다. 이렇게 재미있는 광경은 천축에도 없을 것이리라.

사람들이 해가 지는 것을 아쉬워하고 있는데, 후시미야(伏見屋)[36]의 하급유녀 중에 가쓰노죠(勝之丞)라는 1몬메짜리 유녀가 춤을 추며 구경꾼들 뒤로 와서는 인파를 가르며 들어가 가와치 쇼야의 왼손을 아무렇지 않게 꼭 쥐고는 "안으로 들어가게 조금만 비켜주세요"라며 몸을 밀착했다.

쇼야는 황홀해져 있는 힘을 다해 주위의 사람들을 밀어젖히고 이 유녀가 춤을 출 수 있도록 해주었는데, 이것이 사랑의 시작이 되어 그녀가 입은 바둑판무늬 유카타(浴衣)를 눈여겨보면서 자기 앞으로 춤추러 올 때마다 칭찬을 아끼지 않았다. 춤이 끝나자, 첩은 먼저 돌려보내고 다이코모치 신쿠로에게 주선을 부탁해 급속도로 그 유녀에게 빠져들게 되었는데, 이로써 유녀놀음의 맛을 안 것이

---

36) 『쇼코쿠이로자토안내(諸国色里案内)』에 의하면 은화1몬메의 하급유녀를 둔 후시미야(伏見屋)는 사도시마초(佐渡島町)에 다섯 집, 아와자(阿波座)에 두 집이 있었다고 한다.

다. “이렇게 긴장감 있는 유녀놀음의 재미를 일찍이 몰랐던 것이 유감이다”라며 첩을 당장 내보내고, 빌린 집은 그 달 말로 비워주기로 하고는 가마솥 밑의 먼지와 재까지도 남아 있지 않도록 말끔하게 첩과의 생활을 정리해버렸다. 그러고 나서는 매일 신마치에서 놀기 시작했는데, 언제부턴가 이 쇼야는 차례를 거치지 않고 다유 에치젠(越前)[37]과 정분을 쌓아, 야기야(八木屋)의 기리야마(霧山)와 만나고 있던 다이진 보쿠한과도 함께 놀게 되었다. 이로써 노는 재미가 생겼다며 서로 의기투합하여 2년여 만에 두 사람은 재산을 탕진해 버렸는데, 이는 당연한 결과이리라.

세상은 여러모로 변해가는 것이다. 보쿠한과 정분이 있던 기리야마는 기적에서 벗어나지도 못한 채 행방불명이 되었으며, 에치젠은 병으로 세상을 떠났다. 결국 이 두 다유의 일은 지금은 이미 잊혀져 옛날이야기처럼 되어버렸다. 보쿠한은 점차 초라해져 여러 가지로 일거리를 바꾸다가 결국은 그릇 산지인 다카하라(高原)[38]라는 곳에서 사루마와시(猿回し)[39]와 동거하면서 면실유가게 종업원 신세가 되었다. 면씨를 빻는, 쇠로 된 디딜방아를 밟으니 손발이

---

37) 신마치 효탄초(瓢箪町) 기무라야마타지로(木村屋又次郎) 소속의 다유(『나니와도라(難波鉦)』).

38) 오사카시 주오(中央)구 가와라야마치(瓦屋町) 근방으로, 다카하라야키(高原焼)라 불리는 그릇의 산지.

39) 원숭이로 하여금 재주를 부리게 하여 돈을 버는 사람.

지쳐 힘이 없을 텐데도 오기야(扇屋)의 다유 나가쓰(長津)[40]와 사랑싸움을 하게 된 경위를 큰소리로 떠들어대곤 했다. 지금 처지에서는 정말이지 쓸데없는 이야기라 할 수 있다.

한편 가와치의 쇼야 다이진은 부모로부터 물려받은 산야의 대나무까지 팔아넘기고 자신의 고향에도 살 수 없게 되어 일가족이 뿔뿔이 흩어져버렸다. 그래도 고향 길을 잊지 못하여 다마쓰쿠리(玉造)[41] 변두리의 나카미치(中道)라는 다릿목에다 작은 떡집을 내었는데, 가게입구에 걸어둔 포렴의 문양을 보니 죽은 에치젠이 쓰던 매화문양이었다. 정말이지 여전히 정신을 차리지 못하는 남자라 할 수 있다.

40) 신마치 효탄초(瓢箪町) 오기야시로헤에(扇屋四郎兵衛) 소속의 다유(『호색일대남(好色一代男)』 7-6). 단, 『나니와도라(難波鉦)』나 『쇼코쿠이로자토안내(諸国色里案内)』에는 이름이 보이지 않는다.
41) 현재 오사카시 덴노지(天王寺)구 북부에 그 이름이 남아있다.

사이카쿠가 남긴 선물 권3

교태를 부리던 모습도 지금은 토우(土偶)가 되어

매일같이 연극구경에 빠져
여자가 싫다는 것은 거짓말
지금 빠져있는 것은 고무라사키(小紫)[1)]
다유를 만나기 위한 저금
공복의 가가쓰부시(加賀津節)[2)]

자식이 부모와 의절하니 매사가 거꾸로 되어가는 세상이로다

차야(茶屋)에 기쿄(桔梗) 문양[3)]
유녀에 남자 죠리토리
합의금 천오백료
첩이 본처를 질투하고
에도에서 잉어회 장사

---

1) 요시와라 교마치(京町) 미우라시로자에몽(三浦四郎左衛門) 소속의 다유로 3대까지 있었는데, 여기서는 3대째 고무라사키(小紫)이다(『요시와라히토타바네(吉原人たばね)』).
2) 만지(万治;1658－1661)・간분(寛文;1661-1673) 무렵에 유행했던 가요의 하나.
3) 본문의 차야 기쿄야(桔梗屋)를 의미한다. 요시와라 아게야마치(揚屋町) 입구 좌측의 첫 번째 차야 (『요시와라대회도(吉原大絵図)』).

계산해보니 1년에 200간메의 지출

남도(南都) 최고의 청주도매상
미식은 겨자식초로 버무린 상어
오노지마(小野嶋)[4]는 내 것으로
갑옷의 첫 착복식
신도 알고 있는 신사참배

4) 나라(奈良)의 유녀.

권 3-1 교태를 부리던 모습도 지금은 토우(土偶)가 되어

부모의 계속된 충고도 한 귀로만 듣고는 가부키배우와의 남색놀음을 그만두지 못하는 다이진이 있었다. 매일 시죠가와라(四条河原)[1]에 드나들었는데, 가와라의 터줏대감인 히시야로쿠자에몽(菱屋六左衛門)이라는 영감이 이를 보고 "시죠다리가 빈번히 무너지는 것은 이 다이진이 늘 데리고 다니는 혈기왕성한 다이코모치나 배우들이 난폭하게 건너가기 때문이다"라는 말을 했다. 이 다이진은 지금의 교토에서 사치스럽기로 이름나 있었고, 게다가 남자답게 잘생긴 용모를 하고 있었다. 오랜 옛날의 아리와라노나리히라(在原業

1) 당시 교토의 시죠가와라(四条河原)는 와카슈가부키(若衆歌舞伎)의 거점지였다.

平)[2], 에도시대 초기의 나고야 산자(名古屋三左)[3], 거기에 시로쿠(四六)라 불리는 이 다이진이 일본의 3대 미남으로 알려져 있었다. 가와라에서 가까운 이시가키마치(石垣町)의 이로자야(色茶屋)[4]의 여자들은 밥을 먹다말고 뛰어나와서 이 다이진의 얼굴을 볼 정도였으니, 하물며 시바이차야(芝居茶屋)[5]의 아가씨들은 찻잔을 손에서 떨어뜨리며 자신이 하고 있는 일을 잊어버릴 정도였다. "히가시야마(東山)[6] 벚꽃도 매일 보면 질리는 법인데, 저 남자는 산부처인가. 아무리 보아도 눈이 피곤하지 않아. 머지않아 눈이 나빠져 눈병을 낫게 하는 지장보살에게 7일간 하루에 7번씩 참배하게 될 것이야. 하지만 아무리 바라본다고 한들 엽전 하나 생기지 않는 다이진이다. 저 남자를 구경하는 것 보다는 가부키구경을 오는 도련님들의 비위나 맞추어 표 한 장을 팔면 3몬의 득이 된다. 힘든 일이 아니야. 웃어 보이기만 하면 돈이 되는 것이다"라며 차야에서 일하는 어린

2) 9세기 무렵의 가인이자 『이세모노가타리(伊勢物語)』의 모델이 된 인물.
3) 중세말기의 나고야 산자부로(名古屋山三朗). 가모 우지사토(蒲生氏郷)를 받들던 무사로, 유명한 미남이었다(『好色一代男』 1-1).
4) 이시가키마치(石垣町)의 사창. 히가시이시가카마치(東石垣町)와 니시이시가키마치(西石垣町)가 있었는데, 이로자야(色茶屋)는 동쪽이 많았다.
5) 극장에 부속한 차야로, 연극 표를 팔거나 손님을 안내하여 차나 담배 등을 제공하는 곳.
6) 교토시 가모가와(鴨川) 동쪽으로 이어지는 구릉지. 풍광이 좋고 벚꽃의 명소이기도 하다.

여자들의 모친이나 주인이 야단치는 소리를 듣자니 지당하기 그지없다. 이 여자들은 유곽지대에 살며 좋은 남자들을 많이 봐왔을 것인데도 이 다이진에게 마음을 뺏길 정도이니, 하물며 여염집 여자가 이 다이진을 보고 한 폭 오비를 맨 허리에 힘이 빠지는 것은 무리도 아니다. 남자 중에서도 미남으로 태어난 것은 이 남자의 복이라 할 수 있겠다. 특히 부모라고는 재산이 많은 홀어머니뿐이었는데, 이 어머니는 절에 다니는 것을 좋아해 다이진은 세상을 자기마음대로 살 수 있었다. 이 시죠가와라에서 남에게 빌리는 일 없이 돈을 물 쓰듯 했기 때문에, 모든 극장주와 극장 출입문에서 표 파는 자는 물론이고 가설흥행장의 원숭이까지도 얼굴을 알아보고는 모자를 벗고 인사를 하는 것이었다. 이 지역에서 이만큼까지 얼굴이 알려지려면 틀림없이 1년에 금화 천료 정도는 써야 할 것이다. 하루에 돈 백료를 뿌려도 놀라는 자는 아무도 없고 마치 신사에 세전을 올리는 것처럼 당연하다고 여겨 그다지 기뻐하는 사람도 없었다.

에도 요시와라의 다유가 행차하는 것을 구경하는 시로쿠 다이진. 오른쪽 그림의 왼쪽에서 가장 첫 번째가 다유로, 그 뒤에 가부로 두 명과 앞치마 차림의 야리테, 경호역의 하인이 따르고 있다. 「무라사키와 닮았을까」라며 다유를 바라보는 시로쿠는 왼쪽 그림에서 오른쪽 아래에 삿갓을 쓰고 있고 옆에 서있는 남자로부터 다유에 대한 설명을 듣고 있다. 가운데, 둥근 두건을 쓴 남자는 요시와라에서 많이 보이는 무사유객으로 삿갓을 들고 있는 하인을 데리고 있다. 왼쪽 구석의 두 사람은 유객과 유객의 조리토리.

이 다이진은 여자라면 질색을 하여 지금까지 시마바라의 모습을 멀리서도 바라 본 적이 없었다. 허나 매사에는 때가 있는 법이다. 모친과 친척에게 남색놀음에 대한 충고를 질리도록 듣게 되어 하는 수 없이 신들에게 맹세코 그만두겠다는 문서까지 적었기 때문에 신들 보기에도 부끄러워 그 후로는 연극을 엿보는 것조차 하지 않았다. 과연 세월이 약이라며 사람들이 기뻐하자, 이번에는 유녀 놀음에 빠져 매일같이 지금의 2대 모로코시(唐土)[7]라는 다유에게 다녔는데 이를 막을 도리가 없었다. 모두가 그만두도록 또 충고하자, "나는 유녀놀음을 그만두겠다는 맹세의 글은 적지 않았다"라며 교활한 변명을 하니 그 후로는 아무도 충고하는 자가 없어져 유녀 놀음을 본격적으로 즐기게 되었다. 이윽고 시마바라도 질려 에도에서 이름 높은 요시와라의 고무라사키(小紫)를 만나러 갔다. 그런데 에도에도 산보쿠(三木)라는 승부욕이 강한 남자가 있어 고무라사키를 기적에서 빼내었기 때문에 그 후로는 행방을 아는 사람이 없었다. "간발의 차로 이 유녀를 만나지 못한 것은 유감이다. 먼 에도까지 온 보람이 있도록 고무라사키와 닮은 유녀라도 없는 것인가"라며 찾아보았지만, 마음에 드는 유녀를 찾지 못했다. 보지도 못한 사람을 연모하는 일은 옛날에는 있었지만 지금은 있을 수 없는 이야기인데, 남의 여자가 되었다는 말을 듣고 나서는 더욱더 만나보고 싶어졌다. "꿈에서라도 그 모습을 본다면 교토로 돌아가 이야기 거리로 삼을 텐데"라며 사람을 시켜 행방을 찾아보았지만, 결국은 알

7) 시마바라 나카노초(中之町) 이치몬지야시치로헤에(一文字屋七郎兵衛) 소속의 다유. 초대 모로코시(唐土)는 간분11년(1671)에 다유가 됨(『시키도오오카가미(色道大鏡)』).

수 없었다.

어느 날, 이 교토의 다이진이 아사쿠사테라마치(浅草寺町)[8]의 골목을 걷고 있는데, 안이 들여다보이는 갈대로 만든 발을 건 누추한 집 앞에 「고무라사키 인형가게」라는 간판이 나와 있었다. 안에서 흙 인형을 세공하고 있는 남자를 보니, 교토에서 주연남우를 했던 아라시 자부로시로(嵐三朗四郎)[9]였다. 하얀 비단 속옷 위에 찢어진 종이옷을 걸치고 있었는데, 초라하게 분장을 하고 연기하는 무대 위에서의 모습보다도 훨씬 분위기가 있었다. 이는 분명 사연이 있을 것이라 생각하여 다가가서는 "이보시오. 주인장. 이 인형이 고무라사키라면 우선 유녀치고는 오비가 너무 좁은 것 같소. 특히나 뒷모습은 완전히 조신한 유부녀 같구려"라는 말을 하자, "살 마음이 있으면 불평하지 말고 가져가시오. 하나에 겨우 1몬하는 것인데 무리한 주문이지 않소. 그런 말은 화대 74몬메[10]를 주고 살 때나 하는 흥정이지요"라며 인형가게주인은 웃었다. 이 모습에 왠지 마

---

8) 시모타니구루마자카초(下谷車坂町)에서 아사쿠사기쿠야바시(浅草菊屋橋)까지의 대로.

9) 에도 태생으로 나카무라 칸노스케(中村勘之介)라는 이름의 배우로 활약하다가 가미가타(上方)로 옮겨가서는 아라시자부로시로(嵐三朗四郎)로 개명하여 다치야쿠(立役;남자주연배우)로 활약했다.

10) 당시 요시와라 다유의 화대는 주야 합쳐서 74몬메(匁)였다(『시키도오카가미(色道大鏡)』『쇼코쿠이로자토안내(諸国色里案内)』).

음이 끌려 "실은 나는 이 유녀를 그 값으로 계약기간이 끝날 때까지 사고자 멀리 교토에서 왔소이다"라고 하자, 인형가게주인은 "그렇습니까. 좋은 유녀는 역시 교토에까지 알려 지는가 봅니다. 나도 이 유녀에게 반해 3년 넘게 애타도록 연모했습니다. 하지만 유녀다보니 편지로 구애하는 것은 바보 같은 짓이라 생각되어 좌우간 돈을 모아 단 한번이라도 그녀를 사서 쌓인 감정을 풀고자 이런 가난한 생활 속에서도 매일 3몬씩 돈을 모으기 시작했습니다. 2년쯤 모았더니 드디어 74몬메가 되어 아는 사람의 친절로 옷도 빌리고 연이 닿는 사람을 찾아 아게야도 정하고 하루 이틀 안에 만날 준비를 하고 있었는데, 그 사이에 다른 남자가 기적에서 빼내갔습니다. 이를 생각하면 정말이지 분합니다"라는 이야기를 엉엉 울며 들려주었다.

사랑은 이런 것일까 하고 생각한 다이진은 이 남자가 가여워져서 "한데 고무라사키는 어디로 간 게요"라고 묻자, "정 알고 싶으시다면 교토손님에게 지금의 모습을 보여드리지요"라며 안내를 하였다. 안내받아 간 곳은 가라모노초(唐物町)[11] 골목의, 가게도 눈에 잘 띄지 않을 정도의 작은 집이었다. 그곳에서 유녀였을 적의 세련된 풍모가 아직도 남아있는 미우라야(三浦屋)의 고무라사키를 보았다. 지금은 이름을 오우메(お梅)로 바꾸었다고 한다. "남의 아내가

11) 현재의 도교도 주오(中央)구 레이간지마(霊岸島) 2초메(丁目)부근이다.

된 여자를 사랑해본들 소용없는 일이니 포기하세. 사랑할 상대는 또 있으니"라며 다이진은 인형가게주인을 친구삼아 함께 화려하게 요시와라 출입을 시작했다. 당시 전성을 누리던 다유 다카오(高尾)와 우스구모(薄雲)[12]를 각각 사서, 아게야 히게노쵸헤에(髭の長兵衛)[13]를 독차지하고는 교토에서 가지고 온 돈 3000료를 한 푼도 남기지 않고 다 써 버렸다. 그리고 나서도 다이진은 인형가게주인과 함께 살며, 하다못해 유녀가 밟은 흙을 생계수단으로 삼기로 하고 요시와라 아게야마치(揚屋町)의 흙을 아사쿠사긴류산(浅草金竜山)[14]의 질 좋은 흙과 섞어 이번에는 아사구모와 다카오 인형을 만들어 팔기로 했다. 하지만 그것도 〈흙 인형을 가지고 하는 물놀이〉[15]로 점차 가난해져 밥을 거의 먹지 못하는 날도 있었다. 하지만 배는 사정없이 고파와 둘이서 함께 변조한 가가부시(加賀節)[16]를 부르며 구걸하러 돌아다녔다. 죄도 없고 돈도 없고 세상 사람을 두려워하지도 않고 둘이서 여념 없이 유녀놀음의 재미를 경쟁하듯 이야기하

12) 요시와라 교마치(京町) 미우라시로자에몽(三浦四郎左衛門) 소속의 다유인 4대 다카오(高尾)와 2대 우스구모(薄雲).
13) 요시와라 서쪽 아게야마치(揚屋町)의 북쪽에서 5번째 아게야. 정확한 상호는 가마쿠라야(鎌倉屋)이다.
14) 도쿄도 다이토(台東)구 아사쿠사쇼텐마치(浅草聖天町) 혼류인(本竜院) 경내에 있는 작은 구릉.
15) 자멸한다는 뜻의 속담.
16) 가가쓰부시(加賀津節).

면서 생활하였는데, 이는 참으로 산뜻한 인생의 종착점이었다. 이다이진은 아직 서른도 채 되기 전에 일생일대의 영화를 맛본 것인데, 앞으로의 생활비는 어떻게 할 것인가. 모친마저 모자지간의 연을 끊고 교토의 막대한 유산도 다른 사람에게 상속되었다고 하니.

권 3-2

자식이 부모와 의절하니 매사가 거꾸로 되어가는 세상이로다

어떤 사람이 이렇게 말했다. "이상한 이야기를 들었습니다. 집에만 줄곧 틀어 박혀있는 것은 좋지 않으니 요시와라에 한번 다녀오라는 것입니다. 그래야지만 재미있는 이야기를 들을 수 있다나요. 요시와라 아게야마치 입구에 있는 기쿄야(桔梗屋)라는 차야의 안주인인 만(まん)은 사리분별이 밝은 여자입니다. 이전에는 야리테로 다유 야쓰하시(八橋)와 유기리(夕霧)[1]를 맡아 그 방면의 제일인자로 인정받고 있었는데, 좋은 기회가 찾아와 차야의 안주인이라 불리는 신분이 되었으니 얼마나 좋겠습니까. 이곳 차야에 앉아 유녀들이 화려하게 몸치장을 하고 아게야로 걸어가는 모습을 보기 싫

1) 요시와라 신마치(新町) 동편 리에몽(理右衛門) 소속의 다유들(『요시와라히토타바네(吉原人たばね)』).

어하는 사람은 하나도 없을 것입니다. 그렇다고 해서 이야말로 진풍경이라며 꼼짝 않고 그 모습에 빠져드는 사람도 없을 겁니다. 지금의 유녀는 세련된 마음을 가지고는 있으나 품위가 없지요. 예전의 다유 지토세(千歲)와 가라사키(唐崎)[2]는 아게야로 갈 때 가부로와 야리테, 그리고 구츠(沓)라 하여, 귀밑머리를 잘라 뒤로 늘어뜨린 사내 조리토리를 데리고 다녔지요. 생각해보면 그 무렵이 유곽의 전성시대였던 것 같습니다. 공자와 같이 엄격한 사람도 아침에는 유교의 가르침을 배우지만 저녁이 되면 유곽출입을 하였으니 새삼 엄숙한 얼굴을 해도 별 수 없습니다. 한데 인간에게는 누구나가 죽는다는 약점이 있지요. 아무리 기가 센 협객이라도 죽음을 이길 수는 없으니 말입니다. 그러니 조금이라도 여유가 있다면 아름다운 유녀를 바라보는 것이 장수의 묘약이지요. 신선이 사는 곳까지 불로장생의 묘약을 찾으러 갈 필요도 없습니다. 가까이에 이처럼 좋은 데가 있다는 것을 모르셨습니까."

그러자 이 말을 듣고 있던 한 사람이 "그건 그렇고. 아까 그 이상한 이야기란 무엇입니까"라고 묻는다. "아, 그것 말입니까. 이 세상에는 자식이 부모 때문에 속상해하는 경우도 있다는 이야기인데

---

2) 요시와라 스미초(角町) 초헤에(長兵衛) 소속의 고시죠로(格子女郎) 지토세(千歲)와 에도마치(江戸町) 다로헤에(太郎兵衛) 소속의 고시죠로(格子女郎) 가라사키(唐崎)(『요시와라대전신감(吉原大全新鑑)』).

요. 유녀놀음을 그만두라는 아들의 충고를 전혀 듣지 않는 아버지를 아들이 의절시켜 버렸다는 전대미문의 이야기입니다. 그 아버지라는 자는 이세마치(伊勢町)[3]의 오사카즈키(大盃)라는 다이진으로, 술 취한 성성(猩猩)이가 비틀거리며 춤추고 있는 그림족자를 아주 좋아하는 남자라고 합니다. 요시와라의 아게야 중에서는 이즈미야 한시로(和泉屋半四郎)[4]의 2층 객실이 가장 마음에 든다며 거기에서 야마모토초자에몽(山本長左衛門)소속의 다유 고몬도(小主水)[5]와 깊은 정을 쌓다가 불과 2년 사이에 금고가 줄었다고 합니다. 이미 예순을 넘겼는데도 살쩍머리에 기름을 잔뜩 바르고 유녀와 같이 죽을 각오로 돈을 써댔는데, 그 아들이라는 자는 28세가 되는 지금까지 단 한 번도 아게야의 다다미를 밟은 적이 없다고 합니다. 일곱 살에 처음으로 훈도시(褌)[6]를 할 때 나카바시(中橋)[7]의 이모가 비단으로 된 훈도시를 선물하였는데, 이를 소중히 간수하여 지금까지도 그 하나만 쓰며 가업만을 중요하게 여겨왔다고 합니다. 처음에는 자그마한 술 소매상이었는데, 지금은 에도에서 1, 2위를 겨루는

3) 권2-2 주6) 참조.
4) 요시와라 아게야마치(揚屋町)의 아게야(『요시와라대회도(吉原大絵図)』).
5) 텐나(天和;1681-1684)・죠쿄(貞享;1684-1688)기의 요시와라 신마치(新町) 야마모토히코에몽(山本彦右衛門) 소속의 고시죠로(格子女郎)(『요시와라마메다와라평판(吉原大豆俵評判)』).
6) 남성의 음부를 가리기 위한 폭이 좁고 긴 천.
7) 현재 도쿄도 주오(中央)구 야에스(八重洲) 1,2초메(丁目)사이의 지역.

술가게가 된 것도 모두 이 아들이 애쓴 덕분이라 할 수 있습니다. 그런데 아버지가 돈을 흥청망청 쓰고 있어 아무래도 이런 상태로는 버텨나갈 수 없으리라 걱정하여, 고마고메(駒込)[8]에 조상의 위패를 모셔둔 절의 스님과 염불모임 사람들에게 부탁해 부친을 타일러달라고 했다 합니다. 이에 '당신 아들이 하는 말은 하나같이 지당하다. 세상에는 불효자가 부모의 목숨을 담보로 하여 대출을 받아 부모가 죽으면 빌린 돈의 2배를 갚겠다는 이야기는 들은 적이 있지만, 부모가 되어서 자식을 담보로 자식을 내쫓게 되면 돈을 2배로 갚는다는 이야기는 들어본 적이 없소. 앞으로는 유곽출입을 그만두시오' 라고 여러 사람이 충고했지만 들으려하지 않고, '아무리 말씀하셔도 그만 둘 수 없습니다. 쌍방을 생각해서 나서는 일이라면 지금 당장 1500료를 아들에게 받아주시오. 그러면 이 집에서 나가 일생 부모자식간의 인연을 끊겠다는 각서를 쓰지요'라는 부탁을 했다고 합니다. 이에 아들은 원하는 대로 돈을 주고는 아버지를 내쫒아 버렸다고 합니다. 이 아버지란 사람은 세상에서 둘도 없는 바보지요. 이와 비슷한 이야기가 또 있습니다. 오덴마초(大伝馬町)[9]에서 솜 가게를 하는 사람의 이야기인데, 색을 무척이나 밝혔다고 합니다. 부

8) 도쿄도 분쿄(文京)구 북부에서 도요시마(豊島)구 동부에 걸쳐있는 지명.
9) 현재 도쿄도 주오(中央)구 니혼바시혼마치(日本橋本町) 3초메(丁目)와, 같은 주오구 니혼바시오오덴마초(日本橋大伝馬町) 일대를 가리킨다.

인이 미녀였는데도 따로 첩을 두자, 이 부인은 눈치 빠르게 남편이 첩을 만나러 다니는 일도 성가실 것이라며 첩을 자신의 집으로 불러들여 함께 살았다고 합니다. 그러자 점점 첩이 본처를 질투하여 여러 가지로 괴롭히더니 결국은 이혼까지 시켜 버렸다고 합니다. 이 이야기나 저 이야기나 정말이지 거꾸로 되어가는 세상인 것 같습니다"라고 했다.

중앙의 나무상자 뚜껑에는 「고방 천오백료 들어있음」이라는 글씨가 보인다. 아들이 아버지와 인연을 끊기 위한 돈이다. 그림 오른쪽 위의 아들은 진지하게 충고하는 모습. 아버지는 얼핏 보기에 얌전한 느낌. 오른쪽 두 사람은 데다이. 왼쪽 두 사람은 염불모임의 동료로 입회인역.

그때 그 자리에 있던 또 한 사람이 "그런데 오사카즈키라는 다이진은 그 뒤로 어떻게 되었습니까"라고 물었다. 그러자 "1500료를 손에 넣은 다이진은 요시와라 스미초(角町)에 있는 만지야(万字屋)의 고자쓰마(小薩摩)[10]를 샀는데, 앞뒤 분별도 없이 단 한푼도 남기지 않고 깨끗하게 써 버렸다고 합니다. 이만큼 완벽하게 돈을 탕진한 예는 없을 것입니다. 지금은 고지마치(麹町) 6초메(丁目)[11] 골목에 있는 초라한 셋집에 살며, 잉어회를 떠서 접시에 담아 이를 팔러 다닌다고 합니다. '인과는 접시 가장자리처럼 되돌아오는 것이다'라며 사람들이 비웃어도 전혀 개의치 않고 유녀로부터 받은 오래된 편지를 식칼 싸는 종이로 쓰면서 이를 자랑삼아 보여주고 있다고 합니다. 그렇게나 몰락했는데도 정말이지 허영심 많은 노인이지요. 그 노인은 '아쉬운 것은 아직 미우라야(三浦屋)의 하나무라사키(花紫)[12]를 만나지 못한 일이데, 이대로 죽어버리기는 아깝다. 생전에 반드시 이 꿈을 이뤄 보이겠다. 나는 아직도 이렇게 건강하니 앞으

---

10) 요시와라 스미초(角町) 만지야쇼자에몽(万字屋庄左衛門) 소속의 고시죠로(格子女郎)(『요시와라마메다와라평판(吉原大豆俵評判)』).

11) 당시의 고지마치(麹町) 6초메(丁目)는 지금의 치요다(千代田)구 고지마치(麹町) 4초메(丁目)의 일부분을 가리킨다.

12) 요시와라 교마치(京町) 미우라시로자에몽(三浦四郎左衛門) 소속의 다유(『요시와라마메다와라평판(吉原大豆俵評判)』『요시와라겐지고쥬시쿤(吉原源氏五十四君)』).

로 30년 정도는 섭생에 신경 쓰지 않아도 더 살 자신이 있다. 아들이 그 동안에 아내를 맞아들이면 3년이나 5년 안에 몸이 허약해져 곧 죽게 되겠지. 그리되면 자식 것이 부모 것이니 아들의 재산을 송두리째 가로채어 다시 한번 화려하게 즐기며 하나무라사키와도 만나고 싶다. 하루라도 빨리 아들놈에게 힘 좋은 신부를 점지해 주십시오'라며 무리하게 엔무스비(縁結)신[13]에게 빌고 있다고 하니 정말이지 우습기 그지없는 일이지요. 이 소원이 성취될 때가 있을까요"라는 이야기를 들려주었다.

13) 남녀의 연분을 맺어주는 신.

계산해보니 1년에 200간메의 지출

권 3-3

상점의 구조가 훌륭한 것은 술가게와 함께 전당포를 겸하고 있기 때문이다. 이 집 주인은 나라(奈良) 도다이지(東大寺)[1] 문전에 살고 있는 센닌보(仙人坊)라고 불리는 유명한 다이진이다. 센닌보는 그곳 유곽인 기쓰지(木辻)·나루카와(鳴川)에 자주 드나들며 세상을 늘 꿈처럼 지내며, 언제 날이 새는지도 모르고 함부로 돈을 썼다. 이 유곽에서는 유녀의 지위에 고하가 없이 가코이죠로만이 있었는데, 화대는 균일하게 은화 15몬메로 정해져 있었다. 비교적 가벼운 돈이라고는 하나 그래도 사치스럽게 놀다보면 재산이 줄기 마

---

1) 나라시 조시초(雑司町)에 있는 화엄종 사찰. 나라대불(奈良大仏)로 유명하다.

련이다.

이 남자는 교토의 시마바라도 오사카의 신마치도 모른 채 이곳에서 5년 넘게 놀았는데, 그 사이 딱히 화제 거리가 될 만한 일도 없었다. 초저녁에는 술을 마시고 밤이 깊어서는 유녀와 함께 잘 뿐, 신명나는 일도 사랑싸움할 일도 유녀를 기쁘게 할 만한 일도 없었던 것이다. 유녀는 유녀대로 돈에 몸을 팔다보니 그가 싫어도 어쩔 수 없는 일이라며 재미도 없는 놀이를 계속하고 있었다. 그러는 사이에 〈흙 인형을 가지고 하는 물놀이〉[2]처럼 어느 사이엔가 재산을 탕진해버렸다. 이에 "기껏해야 화대 15몬메의 유녀에게 700간메나 있던 수중의 돈을 잘도 써버렸구나"라며 이 다이진의 주머니사정을 잘 아는 사람이 놀라워했다. "매일 이 유곽의 유녀를 모조리 다 산다고 해도 가코이죠로 18인의 화대가 겨우 270몬메이다. 그리고 가게에서 직접 손님을 받는 하시죠로(端女郎)[3]의 화대는 1몬메부터 2훈(分)까지 있어 이들을 합치면 97인, 가코이죠로까지 더하여 모두를 다 사더라도 하루에 은화 500몬메면 된다. 일년 내내 유녀들을 다 사도 180간메로 충분한데 이 다이진은 1년에 200간메 넘게 썼다는 계산이 된다. 돈을 어떻게 쓴 것일까"라며 부채가게를 하는 곤시치(権七)라는 다이코모치가 아무 소용도 없는 일을 알아내고

2) 권3-1 주15) 참조.

3) 유곽에서의 하급유녀를 일컫는다.

이상히 여겼지만, 색도(色道)로 먹고 사는 스이진[4]답지 않은 발언이다. 유곽에서 쓰는 돈은 미리 계산해놓아도 그것을 뛰어넘는 경우가 많다. 일반 가정에서 쌀값보다도 용돈이 많이 드는 것과 마찬가지이다. 유녀를 사는 것도 화대보다는 그 밖의 비용이 많이 든다. 절 마당에 석등을 세우거나 신사에 손 씻는 통을 기증하여 이름을 새겨두는 것은 후세에까지 이야깃거리로 남겠지만, 유녀놀음에는 아무리 많은 돈을 쏟아 부어도 이름을 남길 수 없는 것이니 10000간메를 쓴다한들 그 사실은 알려지지 않는다.

이 센닌보라는 다이진도 아직 세상인심이 팍팍하지 않을 때 태어난지라, 나라에서 유녀를 한번에 열 명 정도 가마에 태워 교토까지 유람을 간 것이 몇 번인지 알 수 없을 정도였다. 세상 사람들은 생각도 할 수 없는 큰 소동을 벌이며 한번 왕복하는 비용이 금화 백료로는 부족했다. 같은 나라에 살아도 현미차를 마시고 병중에는 상어회라도 한번 먹어보고 죽고 싶다는 사람이 있는가 하면, 오사카의 간진노(勧進能)[5]에서 우타이(謡)[6]역으로 고용된 사람은 일을 마치고 돌아오는 길에 소금을 사서 온다. 이런 검약한 삶을 보면 나

---

4) 8쪽 주1) 참조.

5) 절이나 신사에서 돈이 필요할 때 관의 허가를 받고 여는 대규모의 노(能;일본의 전통가면극).

6) 노공연에서 배우가 부르지 않는 곡 부분을 무대 한구석에 앉아서 부르는 것.

라라는 곳은 하루라도 걱정 없이 살 수 있는 데는 아닌 듯하다. 그러나 한편으로는 센닌보처럼 사는 사람도 있으니 같은 나라라고 해도 곳에 따라 살아가는 방식이 다른가보다. 아무튼 이러한 다이진도 있으니 예전의 도읍이 가지는 여유로운 기분이 남아있다고 할 수 있을 것이다.

센닌보는 가지고 있던 재산을 조금씩 쓰더니 결국은 다 날려버렸다. 전성시대의 유품으로는 기적에서 빼내어 예뻐하고 있는 오노지마(小野島)라는 유녀뿐으로, 부리는 사람도 하나 없는 형편이 되었다. 그 후로는 간코지(元興寺)[7] 히가시마치(東町)에 숨어 살며, 하루하루를 연명하기 위해 등불 심지를 만드는 불안한 생활을 하였다. 오노지마는 이 남자를 배신하지 않고 왕년의 화려했던 모습을 바꾸어 이곳저곳을 기운 오비에다 다스키(襷)[8]를 하고, 낡은 보자기를 앞치마로 만들어 일하였다. 하녀가 하는 일들도 막상 닥치면 누구나가 할 수 있는 것이리라. 금(琴)·샤미센을 연주하던 손으로 맷돌 손잡이까지 돌릴 수 있게 되었지만, 그렇게 일을 해도 점점 가난해져 때로는 밥도 짓지 못하는 날도 있었다. 하지만 이를 조금도

---

7) 원래 간코지(元興寺)는 나라현 다카이치(高市)군 아스카무라(明日香村) 아스카(飛鳥)에 있는 절이며, 여기에서 말하는 것은 남도 7대사찰의 하나인 신간코지(新元興寺)이다.

8) 양어깨에서 양겨드랑이에 걸쳐 십자모양으로 엇매어 일본옷의 소매를 걷어 매는 끈.

슬퍼하지 않고 남편을 존중하며 남편마음에 거슬리는 행동도 하지 않았다. 지금도 이 남자는 하루에 세 번 술을 마시지 않으면 안 되었는데, 그 때마다 오노지마가 이가 나간 술병을 들고 한번에 6몬쯤하는 술을 사러가는 것을 보고 사람들은 모두 욕을 하는 대신 눈물을 흘렸다.

이러한 생활을 하는 사이에 오노지마는 뜻밖의 임신을 하게 되었다. 산달이 다가왔지만, 출산준비가 아무것도 되어 있지 않았다. "자, 지금이야"라며 진통이 시작되었지만 산파도 부를 수 없는 형편이었기 때문에, 남편이 허리를 안거나 물을 끓이거나 하면서 혼자서 모든 일을 하고 있자니 첫울음소리가 났다. 울음소리를 들으니 영리한 사내아이라는 것을 알 수 있었다. 부부는 대단히 기뻐하며 벌써부터 이 아이에게 노후를 맡길 마음이었다.

가스가신사의 신에게 참배하는 센닌보 일가와 그 모습을 지켜보고 있는 신관들. 오른쪽 그림 아래쪽의 센닌보는 갑옷을 입힌 아들을 어깨에 태우고 오노지마는 호신용 칼을 들고 뒤따르고 있다. 센닌보는 신관들이 수군거리는 것을 알고 이에 지지 않으려는 표정. 두건을 쓴 네 명의 신관이 양쪽에서 각양각색의 표정으로 센닌보 일가를 바라보고 있으며, 배경으로는 가스가신사와 나라의 산들이 배치되어 있다.

사람의 운이란 알 수 없는 법이다. 이 아이도 일이년 전에 태어났더라면 유모와 시중드는 여자들이 말끔하게 옷을 입혀 멋지게 신사참배를 했을 텐데, 지금처럼 가난해진 집에서 태어났기 때문에 새 배내옷은 엄두도 내지 못했다. 맨살에는 종이옷조각을 이어붙인 것을 입히고, 그 위에는 마쓰리 때 아이가 만든 갑옷을 입혀 아직 금기해야 할 기간도 지나지 않았는데[9] 외출을 하다니, 우습기 그지없었다. 센닌보는 새삼 세상체면을 신경 쓰지도 않고 아이를 어깨에 태우고 가스가(春日)신사[10]로 참배를 갔다.

이 남자를 아는 많은 신주들은 '신사의 신도 이 자의 전성기 때를 알고 있기에 필시 불쌍히 여길 것이야'라며 동정을 했는데, 이를 개의치 않고 "내가 반한 유녀가 낳아준 아이랍니다"라며 갑옷을 들추어 신주들에게 남자아이라는 사실을 알려주고는 돌아갔다.

오노지마는 시간이 갈수록 이 남자를 위했기 때문에 자유로운 몸으로 만들어 준 은혜를 잊지 않는 훌륭한 여자라며 사람들은 모두 그녀를 가여워하며 돌봐주었다. 그 뒤로 부부는 출가하여 야마토(大和) 아키시노(秋篠)[11]에 은거하였다.

---

9) 출산 후 부정을 피하는 기간으로 120일간이다.
10) 나라시 가스가노마치(春日野町)에 있는 신사.
11) 나라시 아키시노(秋篠). 기예천(伎芸天)으로 유명한 아키시노지(秋篠寺)가 있다.

사이카쿠가 남긴 선물 권4

에도의 고몬도(小主水)[1]**와 교토의 모로코시**(唐土)[2]

긴류산(金竜山) 찻집에서 개발한 녹차밥
유녀가 서로 맡은 남자
아오키야(青木屋) 고후지(小藤)[3]와 만나
남모르는 행복
연기와 같이 가느다란 담배상자

선달 그믐밤의 이세신궁 참배, 와라야(わら屋)**의 금**(琴)

옥 술잔도 그 자리에서 깨뜨려버리고
아름답기 그지없는 긴다유(金太夫)[4]
고죠노이치(五条の市)의 취향
나가사키(長崎) 시카(鹿)[5]의 목소리

---

1) 요시와라 신마치(新町) 야마모토히코에몽(山本彦右衛門) 소속의 다유(『요시와라겐지고쥬시쿤(吉原源氏五十四君)』).
2) 권3-1 주7)참조.
3) 요시와라 스미초(角町) 아오키야요시헤에(青木屋吉兵衛) 소속의 고시죠로(『요시와라마마데와라평판(吉原大豆俵評判)』).
4) 시마바라 가미노초(上之町) 간바야시고로에몽(上林五郎右衛門) 소속의 다유. 여기서는 4대째 긴다유(『시키도오카가미(色道大鏡)』).
5) 『호색이대남(好色二代男)』 1-5에 이 다이진에 대한 언급이 보인다.

요시노(吉野)[6]는 살아있는 꽃

쌀 시세에 웃고 우는 유녀놀음

유곽으로 몰래 향하는 가마
사흘 앞의 날씨가 알고 싶네
완큐(椀久)[7]를 비웃는 사람도
아게야에서는 속셈을 마치고
다이진도 변하는 세상일세

---

6) 시마바라 가미노초(上之町) 기다하치자에몽(喜多八左衛門) 소속의 다유로 이 요시노는 시모노초(下之町) 하야시요지헤에(林与次兵衛) 소속의 요시노와는 다르다.
7) 오사카 후나바사카이스지(船場堺筋)의 완야쿠에몽(椀屋九右衛門)의 외아들 구헤에(九兵衛). 사이카쿠의 『완큐잇세노모노가타리(椀久一世の物語)』의 모델. 신마치에서 유녀놀음으로 파산한 후, 죠쿄(貞享)원년(1684)12월에 익사하였다.

권 4-1 에도의 고몬도(小主水)와 교토의 모로코시(唐土)

관동 내륙에서는 쌀 한 섬이 은화로 50몬메 하는 지금, 그것을 18몬메에 살 수 있는 곳이 있다. [1]하지만 그처럼 물가가 싼 곳에도 하루하루를 살아가기 어려워 구걸을 하는 자가 있다. 또한 번성한 에도에 살아도 일생동안 고방이라는 것을 손에 쥐어본 적이 없는 사람도 있는가하면, 하루에 금화 다섯 료씩을 유곽에서 쓰기로 하고 수명을 65세로 본다면, 자신의 대부터 28대째까지는 아무런 부족함이 없을 것이라 계산하고 요시와라에 틀어박혀 부모의 기일에

1) 쌀 한 섬의 가격이 18몬메 전후였던 것은 게이초(慶長;1596－1615)에서 간에이(寛永;1624－1644)초반까지였으며, 본서 집필 당시인 겐로쿠(元禄)6년(1693)의 쌀 가격은 50몬메 전후였다.

만 집을 찾는 자도 있다. 이는 아무 도움도 되지 못하는 재산자랑으로 결국은 계산이 잘못되어 무일푼이 되기 마련이다.

예전과 달리 세상 사람들은 타산적으로 변했고 지금처럼 돈을 벌기 어려운 때도 없다. 최근 아사쿠사(浅草) 긴류산(金竜山)[2] 차야에서 한 그릇에 은 5훈(分)하는 나라 녹차밥(奈良茶飯)[3]을 팔기 시작했는데, 예쁜 그릇을 여러 종류 갖추어놓아 사람들에게 호평을 받고 있다. 이런 편리한 밥집은 교토 근방에는 아무리 찾아봐도 없다. 또한 이보다 더 편리한 것은 혼쬬(本所) 시미즈초(清水町)[4]의 사창으로, 100몬만 있으면 술과 안주까지 내놓으며 극진하게 대접해 주니 고마울 따름이다. 그리고 후카가와(深川) 야하타(八幡)[5]의 차야온나(茶屋女)는 혼쬬나 쓰키지(築地)[6]의 사창보다도 그 미모가 훨씬 뛰어나 교토 기온(祇園)[7]의 차야온나와 견줄 만했다. 화대는

---

2) 권3-1 주14) 참조.

3) 본래 나라 도다이지(東大寺)·고후쿠지(興福寺)에서 만들어 먹은 것으로, 두 번째로 우린 찻물로 밥을 지어 소금으로 간을 하고 볶은 콩과 팥, 구운 밤 등을 넣어 첫 번째로 우린 차에 적셔서 먹었다(『본조식감(本朝食鑑)』).

4) 겐로쿠(元禄)5년(1692)까지의 시미즈초는 혼쬬 요쓰메바시(四ツ目橋) 동쪽으로, 이후의 마쓰다이초(松代町)에 해당한다.

5) 도미가오카(富岡) 야하타(八幡)궁이라고도 불렀다. 당시 에도에서 떨어진 에이다이지마(永代島)에 위치하고 있어 참배객이 적었기 때문에 이로자야(色茶屋)를 허가하여 번성을 꾀하였다.

6) 고비키초(木挽町) 해안을 매립하여 만든 곳으로, 간분(寛文;1661－1673)무렵부터 비구니 차림을 한 사창이 많았다.

도리이(鳥居)[8] 안쪽이 손님 2인당 금 1부, 바깥쪽이 손님 3인당 금1부로 정해 놓았는데 야무진 수완이라 할 수 있다. 에도는 여자가 적은 곳처럼 보이는데 가는 곳곳 의외로 놀만한 데가 많다. 요시와라는 격식을 차리는 유녀만 있다고 생각했는데, 신초(新町)[9]강가에 감빛 포렴[10]을 내건 하시죠로의 화대는 은 일몬메, 제니로는 백몬으로 정해져 있다. 이런 하급유녀도 장소가 요시와라인 만큼, 기질은 상급유녀와 조금도 다를 바 없다. 속치마도 비단으로 입었고 가장자리를 가지런하게 자른 휴지를 쓰며 입을 오므리고 이쑤시개를 물고 있는 모습은 하급유녀라 해도 요시와라의 풍속을 제대로 느낄 수 있게 해준다.

어느 날 유곽에서의 별명이 나카바시(中橋)의 가쿠레가사(隠れ笠)라는 다이진이 요시와라의 아게야마치로 행차하였다. 히게노쵸헤(髭の長兵衛)[11] 가게에 걸터앉아 "오랜만에 이곳에 왔는데, 안주인께서는 한층 아름다워졌군요. 주인장, 부인이 예쁘면 무리를

---

7) 지금의 기온 이시단(石段)에서 서쪽의 시조도오리(四条通)로, 사창의 소굴이었다.
8) 신사의 입구에 세워둔 기둥 문.
9) 요시와라 교마치(京町)2초메(丁目) 수로에 면한 강변길로, 요시와라 유곽이 형성되고 2년 정도 뒤에 만들어진 지역이기 때문에 신초라고 부른다. 최하급 유녀인 하시죠로(端女郎)가 있었다.
10) 하시죠로가 일하는 가게 입구의 포렴색깔은 적갈색 또는 청색이었다.
11) 권3-1 주13) 참조.

하기 마련이오. 사람은 양생이 중요한거요"라고 놀리고는 호탕하게 웃으며 술을 마시기 시작했다. 그러고 있는데 "고몬도(小主水)[12]님이 오십니다"라고 고하는 소리가 난다. 이에 가쿠레가사는 이번에는 고몬도와 함께 이런저런 사랑이야기를 나눈다. "제 서방님은 가미카타에서 잘 놀고 계십니까"라고 고몬도가 묻자, 다이진은 "아주 좋아 보였어. 한데, 여기저기서 바람을 많이도 피우더구나. 교토 시마바라에서는 이치몬지야(一文字屋)의 지금의 모로코시(唐土)[13]와 만나더니, 오사카 신마치(新町)에서는 오기야(扇屋)의 오기노(荻野)[14]와 만나고 있는 걸 봤지. 곧 돌아오면 호되게 혼내며 좀 아플 만큼 꼬집어 주게나"라고 한다. 그러자 고몬도는 "모로코시도 오기노도 제가 알아내어 제 승낙을 얻어 만나고 있는 다유들입니다. 오늘도 덴마초(伝馬町)[15]의 기요(清)님이 모로코시님의 편지를 보내주셨습니다. 귀한 편지라 여기며 읽어보니 '소중한 당신의 손님을 잠시 맡게 되었는데 대단히 사랑스러운 분인 것 같습니다. 요사이 저에게 완전히 빠져 자꾸 좋아한다는 맹세의 말을 적으라고 진지한 얼굴로 들볶아댑니다. 그래서 약간 얄미워져 고몬도님에게 일러바치

12) 117쪽 주1) 참조.

13) 117쪽 주2) 참조.

14) 오사카 신마치 나카노초(中之町) 오기야사부로에몽(扇屋三朗右衛門) 소속의 다유(『쇼코쿠이로자토안내(諸国色里案内)』).

15) 오덴마초(大伝馬町).

겠다고 하자, 고몬도는 죽어버렸다며 가짜 법명을 적어 보여주셨기에 너무 속이 상해 적어도 35일간의 제[16]가 끝날 때까지는 금욕하라며 함께 잠을 자도 몸을 허락하지 않았습니다. 그러자 크게 잘못을 뉘우치셨는데, 그 모습을 보니 웃음이 나왔습니다. 당신이 허락하는 편지를 보내주실 때까지는 절대로 몸을 맡길 생각이 없습니다. 하지만 아무리 미워하려해도 미워할 수 없는 분이라, 오랜 세월 그 분과 정분을 쌓고 계시는 당신이 부럽습니다. 한데 그곳의 혼초(本町)[17] 이즈쓰야(井筒屋)의 니로쿠(二六)님과 당신은 이미 예닐곱 번이나 만났다고 들었습니다. 그 분은 제가 깊이 사모하고 있는 남자이오니 당신이 계신 곳에 머무르는 동안 아무쪼록 잘 대접해주시기 바랍니다.'라고 씌어 있었습니다. 정말이지 천리길이나 떨어져 있어도 유녀란 피부에 있는 점까지 알려지게 되니 부끄러운 일입니다. 교토에서의 일도 여기에서 알 수 있으니, 역시 뱀이 간 길은 뱀만이 알 수 있다는 속담도 있듯이 서로가 유녀이다 보니 통하는 것이 있는 것 같습니다"라고 말했다. 그러자 다이진이 "고몬도가 입을 댄 술잔의 술이 여느 때보다도 맛있구나. 이처럼 멋스러운 이

16) 정확하게는 49일간이 정진일인데, 보통 상가(商家)에서는 35일간으로 줄여 제를 지냈다.

17) 지금의 주오(中央)구 니혼바시혼마치(日本橋本町)2,3초메(丁目)와 혼이시마치(本石町)2,3초메(丁目)에 해당한다. 포목상과 약재상을 하는 부호가 많았다.

야기는 듣는 것만으로도 충분히 재미가 있지. 어찌되었건 유녀란 팔기 위해 만들어진 것이나, 때로는 이처럼 유녀라는 본분을 잊을 정도로 마음을 주게 되는 남자도 만나는 법이니 믿음직한 경우도 있다. 그러니 유녀와 정분을 깊이 쌓지 않으면 유곽을 다니는 재미가 없지. 나도 올 봄에 스미초(角町)에 있는 아오키야(青木屋)의 고후지(小藤)[18]에게 완전히 빠져 기적에서 빼내는 상담까지 했는데, 사정이 생겨 미루고 있는 사이에 고이치(小市)라는 남자가 빼내어 가 버렸다. 다시 딱 한번만 여염집 여인네가 된 모습을 보고 싶다고 생각했지만 어디로 갔는지 알 수 없다네"라며 다이진은 한탄했다. 그 때 늘 새해와 같은 도안(道安)[19]이라 불리는 안마사 다이코모치가 "아직도 그 행방을 모르시다니 한참 소식이 느리시군요. 제가 그 행방을 잘 알고 있습니다. 그 분이 보고 싶다면 야나기와라(柳原)[20] 근방의 도시마야(としま屋)라는 집을 찾아 가보십시오"라고 한다.

이 말을 듣고 다이진이 고후지를 슬며시 보러 갔는데, 예전에는 돈에 손도 대지 않던 그녀가 지금은 직접 가정을 꾸려나가야 할 형편인지라, 소금을 사고 동전을 건네주고 있는 모습이 우스워보였다. "이 집 남자는 지금 얼마나 좋을까. 언젠가 자연스럽게 이 남자

---

18) 117쪽 주3) 참조.
19) 늘 편하다는 뜻의 속담에서 따온 이름.
20) 현재의 스미다(墨田)구 고토바시(江東橋) 1,2,5초메(丁目)에 해당한다.

가 고후지에게 질려 이혼이라도 하게 되면 그 때는 내가 거두어야지"라며 무리한 소원을 아사쿠사(浅草) 관음상에게 빌었지만, 전혀 그럴 기미가 없었다. 어떤 사람이 이 이야기를 듣고 "그건 정말 바보 같은 소원이다. 지금 처지로 다유나 고시죠로(格子女郎)[21]를 바라다니 무리한 바램이지. 형편이 어려울 때는 어려운 대로 싸게 치는 산차죠로[22]를 위안거리로 삼는 것이 현명한 처사이다"라는 충고를 했다. 자존심이 센 나이진이었지만, 유감스럽게도 곤궁해지자 어쩔 수 없이 그 후로는 몰래 싼 유녀를 사게 되었다. 이 가쿠레가사도 예전에는 꽤나 유명한 스이진이었는데, 돈이 마르지 않을 것인 양 마구 쓰더니 지금은 초라한 행색이 되어 계산이 남아있는 것도 아닌데 아게야마치 앞을 지나가기 싫어했다. 점차 작은 돈이 위력을 발휘해 이전에는 그곳으로 놀러가는 사람을 비웃었던 혼초(本町)[23]강가의 하급유녀에게 다니기 시작했다. 그렇게 되자, 그 처지

21) 엔뽀(延宝;1673－1681)・조쿄(貞享;1684－1688) 당시의 화대는 주야 합쳐 50몬메.

22) 간분10년(1670)에 에도에 있는 모든 사창을 요시와라로 옮기고 산차죠로라고 칭했다. 엔뽀(延宝;1673－1681)・조쿄(貞享;1684－1688) 당시의 화대는 20몬메와 15몬메 두 종류가 있었다.

23) 요시와라 주위의 수로를 따라 하시죠로(端女郎)가 있는 가게가 늘어선 한쪽 길을 스미초(角町)강가・교마치(京町)강가 등으로 칭했는데, 혼초강가는 그의 총칭이다. 포렴을 내건 모습이 니혼바시(日本橋)의 혼마치(本町)와 닮았기 때문에 붙여진 이름이라 한다(『요시와라주시카죠(吉原一四ヶ条)』).

에 맞게 치사해져서는 소나기를 맞고 돌아오는 길에 짚신을 종이에 싸서 오비에 끼우고 버선도 벗어 품에 넣고는 비가 새는 우산을 빌려준 것도 유녀가 베풀어준 정이라 기뻐하며, 어두운 둑길을 걸어 집으로 돌아가는 것이었다. 그때 부럽게도 아게야의 남자 세 명을 데리고 지나가는 사람이 있었다. 아게야의 두 남자에게는 하나비시(花菱) 문장[24]이 새겨진 등불을 하나씩 들게 하고 다른 한 남자에게는 우산을 받치게 하고 소매통이 넓은 비옷을 입고 여유롭게 길을 가고 있었다. 등불에 비친 얼굴을 보니 스이진의 부친을 모시고 있던 기헤이지(喜平次)라는 데다이였다. 스이진이 마음에 들지 않아 내쫓은 데다이인데, 그것이 기헤이지에게는 도리어 전화위복이 되어 지금은 다유를 살 정도의 부자가 되어 한창 때를 보내고 있었던 것이다.

뜻대로 되지 않는 세상이라고 하지만 이대로는 사는 보람도 없었다. 이런 비참한 처지가 되어서도 노는 것을 그만둘 수 없으니 참으로 심각한 업보라고 새삼 깨닫고, 오늘 밤을 끝으로 유녀놀음을 그만두겠다고 신에게 맹세했다. 그러나 날이 밝자 다시 몸을 뒤흔드는 듯한 기분이 들어 남의 눈을 개의치 않고 유곽으로 갔다. 이 남자와 친해진 기치노죠(吉之丞)라는 화대 1몬메의 하시죠로(端女

24) 네 개의 꽃잎을 마름모꼴로 배치한 문장.

郞)와는 이전에 다유와 놀 때보다도 더욱 두터운 정분을 쌓게 되어, 끝내 서로를 버릴 수 없는 사이가 되어버렸다. 그러는 사이에 이 유녀는 무사히 계약기간도 끝이나 답례로 1년간 일을 더 해주고는[25] 드디어 자유의 몸이 되었다. 그런데 기치노죠는 오랜 동안의 외상대금이 46,7몬메나 밀려 이를 고민하고 있었기에, 어떻게든 해결해 주어야 한다며 팔지 않고 남겨둔 손잡이 달린 찬합을 팔아 그 빚을 갚아주었다.

---

25) 유곽에서는 계약기간이 끝나고도 1년 더 답례하는 의미에서 일해 주는 것이 관습이었다.

영락한 나카바시의 가쿠레가사 다이진 일가의 일상모습. 가쿠레가사는 종이담뱃갑을 만들고 있고, 1몬메짜리 유녀였던 기치노죠도 바느질에 열중하고 있다. 그림 위쪽의 두 딸은 아버지를 돕기 위해 종이를 접고 있고, 아래쪽의 두 딸은 천진난만하게 방안을 뛰돌아다닌다.

오늘부터는 자신의 아내라며 거두어 들여 요코야마초(横山町)[26]의 뒷골목에 셋집을 얻어 부부가 된 것을 기뻐하며 종이 담뱃갑을

26) 현재 주오(中央)구 니혼바시(日本橋) 요코야마초(横山町)와 히가시니혼바시(東日本橋) 2,3초메(丁目) 일대를 말한다.

만들어 팔며 간신히 생계를 이어갔다. 여름에는 모기장도 없이 지냈고 겨울에는 솜옷도 입지 못하고 지내는 사이에 세살 터울로 여자아이 4명이 연이어 태어났다. 이런 가난한 형편에 아이 넷을 키운다는 것은 정말이지 비참한 일이다. 유녀는 아이를 못 낳는다고 들었는데 참으로 믿을 수 없는 세상이라며, 그 후로는 아이가 생길까봐 함께 잠은 잤지만 남들은 알 수 없는 일, 11년이나 아무 일도 없이 지냈다. 부부가 되기는 했으나 이 세상에 사는 즐거움의 하나가 없어져버린 셈이다.

권 4-2 선달 그믐밤의 이세산궁 참배, 와라야(わら屋)의 금(琴)

유녀를 기적에서 빼내어 자신의 소유로 삼는 것은 아주 사소한 일이 계기가 되는 경우가 많다. 최근 교토의 산보쿠(三木)라는 남자가 시마바라에 드나들고 있었는데, 좀 유별난 성격이라 정들었던 이치몬지야(一文字屋)의 모로코시(唐土)[1]와 연을 끊고 간바야시(上林)가 데리고 있는 긴다유(金太夫)[2]라는 유녀를 알게 되었다. 이 다유는 정말이지 미색이 빼어났다. 두세 번 잠자리를 가진 다음, 술에 완전히 취한 자리에서 다이진이 1부짜리 금화 하나를 소중한 듯 주머니에서 꺼내어 긴다유에게 건네니 기쁜 표정을 지으며 살며시 그것을 받았다. 이 다이진은 교토에서 나고 자란 스이진이었기에

1) 권3-1 주7) 참조.
2) 117쪽 주4) 참조.

그 모습을 흘깃 보고는 이 다유는 그럴 리가 없을 것이라 여기면서도 업신여기는 마음이 생겨버렸다. 그로부터 4,5일이 지나 이번에는 금으로 된 큰 술잔과 산호로 만든 큰 술잔을 함께 다유에게 주자, 이번에는 조금도 기뻐하는 기색 없이 금 술잔은 마당을 쓸고 있는 남자에게 주어버렸고 산호 술잔은 주사위놀이판에 깔아 가루를 내어버렸다. 다이진은 이와 같은 욕심 없는 행동에 감격하여 이것이 계기가 되어 아무런 거리낌 없이 긴다유를 기적에서 빼내어 자신의 여자로 삼았다. 이 다이진은 다유 다섯에서 일곱 정도는 기적에서 빼내주어도 재산에 아무런 영향을 주지 않을 만큼의 부자였다.

요전에 나가사키(長崎)의 시카(鹿)[3]라는 다이진은 큰 부자가 아닌데도, 선대 다유 요시노(吉野)[4]와 정을 쌓아 첫 만남에서 약속한대로 곧 기적에서 빼내어 본처로 삼고자 마음을 굳히고 있었다. 유녀에게 있어서는 가장 큰 행복이라 할 수 있다. 이 남자는 산죠(三条)에 있는 도진야(唐人屋)라는 환전상에 은화 300간메를 맡겨놓고 교토의 좋은 장소를 골라 집을 사서 일생을 이 돈으로 생활할 생각이었다. 그런데 그 돈을 되찾아 요시노를 금화 1300료에 기적에서 빼내어 여러 곳에 인사를 마치고 보니, 300간메였던 돈이 겨우 7간메가 되어있었다고 한다. 이 정도 재산으로 다유를 소유하다

3) 117쪽 주5) 참조.
4) 118쪽 주6) 참조.

니 정말이지 제일가는 호색가라 할 수 있을 것이다. 그런데 이 요시노라는 다유는 조금도 유녀 같은 데가 없고 말수도 적었다. 마음이 약해 보이는 듯하지만 심지가 곧고 정도 많아, 요시노를 만나본 남자는 누구나 마음이 끌렸다. 때가 되면 기적에서 빼내주려는 남자들도 수없이 많았다. 그런데 남의 여자가 되어버린 것을 아쉬워한 나머지, 시마바라 출입을 그만두거나 유곽이 재미없어졌다며 놀이를 바꾸어 시죠가와라(四条河原)[5]의 가부키배우를 상대로 남색놀음을 시작한 자도 있었다. 요시노는 유곽을 나온 뒤에도 꽤나 많은 교토의 남자들을 울렸던 것이다.

그 후, 나가사키의 다이진은 이 다유에게 여염집 아낙네 차림을 하게하고 오사카에 매화가 한창일 때와 덴노지(天王寺)[6]의 한낮의 벚꽃구경, 오사카 다니마치(谷町)의 해질녘 등나무[7]꽃놀이 등에도 데리고 다녔다. 요시노는 우아한 장옷을 깊이 덮어쓰고 유녀가 하는 화려한 몸짓을 삼가고 남자를 두려워하는 모습으로 다이진과 다녔다. 무지의 검은 비단 고소데(小袖)에 수수한 류몬(竜門)[8] 오비를 매는 등, 옷차림이 눈에 띄지 않도록 신경 썼다. 그런데도 미모

---

5) 권3-1 주1) 참조.
6) 시텐노지(四天王寺)의 약칭. 오사카시 덴노지(天王寺)구에 위치한 사찰.
7) 오사카 다니마치스지(谷町筋)에 있었던 다마키초(玉木町)의 고타니(小谷) 관음당의 등나무.
8) 중국에서 건너온 견직물. 두텁고 광택이 없어 오비용으로 많이 쓰였다.

를 뽐내는 수천 명의 여자들이 요시노의 이러한 수수한 모습에 주눅이 들 정도였다. "도대체 어떤 장인이 이처럼 아름다운 여자를 만들었단 말이냐"라며 남자들은 모두 이 요시노만을 쳐다보았다. 이를 보면 세상 사람들도 사람을 보는 눈이 정확한 법이다. 불과 5척도 되지 않는 자그마한 몸을 고방 1300료를 들여 사들였으니, 과연 명작이라는 것은 누구나가 알 수 있는 것이다.

그로부터 다이진은 요시노와 함께 배를 타고 고향인 나가사키로 내려갔다. 사누키(讃岐)의 도마리노이소(泊の磯)[9]라는 곳에 이르자, 여름밤 달빛이 환하게 비추는 해변 파도너머로 용궁의 동녀가 나타났다. 그런데 그 동녀조차 "교토에서 온 요시노를 한번 보자"라는 목소리가 하늘까지 들렸다는 이야기가 있을 정도로 요시노는 대단한 미녀였다. 아직도 보지 못한 자는 상상만 하시게. 부자이기 때문에 할 수 있는 일이라고는 해도 곤로로 발 씻는 물을 끓이고 오봉(お盆)에 먹는 간고등어를 11월경에 먹는 검약한 사람들의 눈에는 바보같은 짓으로 보일 것이리라. 하지만 인간으로 태어나 일본에서도 다시 찾아보기 힘든 유녀를 자신의 소유로 삼는다면 이 이상의 즐거움이 어디 있겠는가. 이 다이진과 친척인 사람도 다유

9) 사누키는 지금의 가가와(香川)현. 시와쿠(塩飽) 일곱섬의 하나로, 마루카메(丸亀)시 북쪽에 위치한 혼지마(本島)의 포구이다.

노카제(野風)[10]를 기적에서 빼내어 후시미(伏見)에서 멋스럽게 살고 있었다. 나가사키 다이진과 요시노는 히가시야마(東山) 아와타구치(粟田口)[11]근처 초가집에서 살았다. 다이진은 한창 때인데도 삭발을 하고 요시노를 달과 꽃 보듯이 바라보며 조석으로 그녀가 직접 끓인 차를 받아 마시며 오붓한 생활을 즐겼다. 바둑이나 양궁을 함께 즐겼으며 해가 저물 쯤에는 여자들이 하는 축국(蹴鞠)도 즐겼다. 서늘한 바람이 부는 평상에 질 좋은 향을 피워놓기도 하고, 첫눈이 내린 아침에는 함께 와카(和歌)를 읊으며 세상의 온갖 풍류놀음을 즐겼다. 비가 오면 두견울음소리를 기다렸고, 어지러이 나는 반디를 세며 여름밤의 위안거리로 삼았다. 또 어느 때에는 둘이서 순무를 데쳐 잠자기 전 술안주로 삼으니 한층 주흥이 돋우어졌으리라.

10) 시마바라 시모노초(下之町) 오사카야타로헤에(大阪屋太郎兵衛) 소속의 다유(『시키도오카가미(色道大鏡)』『쇼코쿠이로자토안내(諸国色里案内)』).
11) 교토시 히가시야마(東山)구 아와타구치(粟田口).

왼쪽 그림 왼쪽 위는 초가집에서 나란히 금을 연주하는 나가사키의 미나모토와 요시노. 미나모토는 출가승차림. 두 사람의 모습을 문 사이로 들여다보고 있는 삿갓차림의 사몬. 그 뒤에 여자와 상자를 멘 하인이 서있다. 왼쪽에서 지팡이를 짚고 사몬을 보고 있는 것이 고쵸노이치. 오른쪽은 연말풍경으로, 커다란 엽전꾸러미를 하인에게 짊어지게 한 상인. 삿갓을 쓰고 얼굴을 가린 떠돌이 광대가 그려져 있다. 뒤쪽 가게로는 「히나와가게」 라는 포렴과 「살담배 있음」 이라는 간판이 보인다.

그러던 어느 해 연말, 사몬(左門)[12)]이라는 유녀를 기적에서 빼

12) 시마바라 가미노초(上之町) 나가사키야시치로에몽(長崎屋七郎右衛門) 소속의 다유. 여기서는 2대째를 말한다(『시키도오카가미(色道大鏡)』).

내어 꽃 같은 시절부터 지금까지 어여삐 여기며 편하게 살아 온 것을 어지간히 자랑하던 고죠노이치(五条の市)라는 다이진이 사몬을 데리고 가는 해를 보내기 위해 이세신궁에 참배하러 길을 나섰다. 그다지 신심이 있었던 것은 아니고 사치스럽게 놀기 위한 여행이었던 것이다. 세밑이라 다들 분주한 때에 이세에 참배하러 가는 사람은 이곳 교토에서 자기 혼자뿐일 것이라 생각하며 아와타구치로 접어들었다. 그 근방은 작은 집이 많았는데, 새해 맞을 준비로 바쁜 섣달 29일인데도 한가로이 금(琴)을 연주하는 소리가 들리는 집이 있었다. 고죠노이치는 당궁(唐弓)[13]의 현이 내는 소리인가하고 조릿대문 안을 들여다보았다. 그런데 요시노는 예전보다 한층 아름다워져 있었으므로 그 얼굴을 알아보지 못하고, "어떤 지체 높으신 분이 은둔하고 계시는 것입니까"하고 동쪽 이웃에서 화약심지를 만들며 사는 자에게 물으니, "나가사키라는 다이진과 요시노가 합주하고 있는 것이요"라며 대강의 사정을 이야기해 주었다. 이 말에 고죠노이치도 풀이 꺾여 "이렇게나 유유자적한 삶도 있는데 나는 아직도 세상사에 얽매어 살고 있구나"라며 이세신궁 참배를 그만두고

---

13) 신식의 무명활. 메이레키(明暦;1655－1658) 무렵 나가사키에 내항한 중국인이 전했다고 알려진 나무활로, 길이는 5척 정도로 고래 힘줄로 현을 만들었다고 한다. 작은 망치로 튕겨 조면의 불순물을 제거하고 가느다란 섬유를 만드는데 쓰인다.

아와타구치에서 발걸음을 돌려 집으로 돌아가 선달 그믐날에 무희들을 불러 모아 춤을 즐겼다고 한다. 남의 기분을 흉내 내는 이 다이진의 행동이 우스울 따름이다.

쌀 시세에 웃고 우는 유녀놀음

권 4-3

"내일이 어떻게 될지 모르는 세상이니 선행을 하려면 서두르는 것이 좋다"라는 말을 옛날 누군가가 했는데, 세상사 어느 하나 이에 벗어나지 않는다. 벗어나지 않는 것으로는 과녁을 한 번도 놓친 적이 없다는 멧타마토노토쿠헤이(めった的の徳兵衛)와 도박장소로 알려진 본노초헤에(ぼんの長兵衛) 등과 같은, 유곽출입을 전문으로 하는 가마가게가 우키요쇼지(浮世小路)[1]에 모여 있는데 요즘은 한가해 보인다. 오사카에서 50리 떨어진 히라카타(枚方)[2]까지 손님을 태우고 가본들 2몬메 5훈을 받으니 도무지 타산이 맞지 않는다. 들에 나가 점술책을 가지고 옥수수 뿌리가 뻗은 방향을 자세히 보

1) 오사카 고라이바시스지(高麗橋筋)와 이마바시스지(今橋筋) 사이에 있었던 좁은 골목으로, 남녀가 밀회를 즐기는 여관이나 유곽을 출입하는 가마가게가 많았다.
2) 지금의 오사카부 히라카타(枚方)시.

니 남쪽으로 길게 뻗어있지 않았기 때문에 올해는 태풍이 없는 해이다. 아마도 평년작 정도로, 쌀 거래는 활발하지 않을 것 같다.

오사카에서 다유는 물론이고 덴진에서 가코이까지 모든 유녀를 사서 놀음을 즐기고 그것도 모자라 견습가부키소년배우까지 바빠지게 만드는 것은 오로지 기타바마(北浜)[3]의 젊은 데다이들의 기세가 등등하기 때문이다. 비가 섞인 눈이 많이 내린 뒤에는 큰 바람이 분다는 것을 경험으로 알고는 운은 하늘에다 맡기고 어림짐작으로 쌀을 사러 나오는데, 2시간가량 계속 사들이다가 눈 깜빡할 사이에 시세가 2몬메 오르면 당장은 크게 벌었다고 계산하여 대낮부터 가마 300개를 움직여 유곽으로 향한다. 그러면 아게야는 급히 다른 손님이 산 유녀를 빌리러 다니거나 또는 평소에는 팔리지 않던 유녀들이 바빠지거나 하여 점점 활기를 띄게 된다. 그래서 모두가 비의 신이나 바람의 신에게 빌게 되지만, 공교롭게 그날 밤이 되어 하늘이 개이고 조용한 하늘에 달이 뜨면 어느 아게야도 약속이나 한 듯 고우타(小歌)[4]나 샤미센 소리가 멎어버리는 것이었다. 주의를 기울여, 갑자기 다이진이 된 자들의 얼굴을 보면 볼수록 웃음이 나온다. 이런 손님을 맞는 유녀의 입장은 필시 곤혹스러울 것이다.

---

3) 현재 오사카시 주오(中央)구 기타하마(北浜). 요도야바시(淀屋橋) 주위에 쌀 시장이 있어 쌀 도매상과 중매(仲買)인이 거주하고 있었다.
4) 에도시대 초기에 유행한 서민적인 가요.

같은 기타바마라도 오슈(奧州)[5]를 기적에서 빼내어 소유한 다이진이 있는가하면 아즈마(吾妻)[6]를 기적에서 빼내어 준 야마모토(山本)의 다이진도 있어 항간에 주목을 받았는데, 이런 손님을 만나는 것은 유녀에게 있어서 큰 출세라 할 수 있다. 완큐(椀久)[7]같은 경우는 당시 약간 어리석은 데가 있어 상대유녀가 만족하지 못하는 기색을 보이기도 했지만, 이 남자는 자신의 돈으로 다이코모치나 그 밖의 사람들에게 돈을 마구 뿌려대며 썼던 것이다. 하지만 요즘 다이진은 세련되어 있지만 다유를 만날 때 다이코모치도 데려오지 않았고 유행이라며 비단이 아닌 목면옷을 입고 오는 자도 있다. 이런 인색한 마음가짐으로는 절대 유녀를 살 자격이 없다. 유녀 앞에서 훈도시가 낡은 것도 개의치 않을 정도라면 자신들의 아내로 만족해야 할 것이다. 유녀놀음에서는 남자도 옷에 신경을 쓰고 멋을 부려야만 노는 재미도 있는 법이다. 그런 구두쇠 손님을 상대하는 것은 같은 쌀이라도 찧지 않고 먹는 기분이 들어, 돈에 몸을 파는 유녀입장이지만 기분이 좋지만은 않을 것이다. 유녀가 옷에다 옷깃을 대는 것[8]조차도 감각이 있는 사람에게는 상당히 싫은 느낌을

5) 권2-3 주21) 참조.
6) 신마치 사도시마초(佐渡島町)의 사도시마야간에몽(佐渡島屋勘右衛門) 소속의 다유.
7) 118쪽 주7) 참조.
8) 옷에다 옷깃을 대는 것은 옷이 더러워지는 것을 막기 위함인데, 이는 여염

주게 되는 것이다.

그런데도 요사이 노는 방법을 보면 한심한 손님이 많다. 부모 대부터 쌓아왔지만 얼마 되지 않은 재산을 가진 상인이나 장인은 그들 집안의 고용인이나 제자들을 밤낮으로 마구 부린다. 그리고 동업자끼리의 회합에서 신년도의 방침이 정해지면 꼼꼼하게 예산을 세운다. 쌀은 가장 싼 가가(加賀)의 묵은 쌀[9]이나 류큐미(琉球米)[10], 또는 쌀알이 작은 적미(赤米)를 쓰기로 하고, 반찬거리는 한 접시에 1몬이내인 것으로 정했으며 한 바구니에 150마리가량 들어 있는 작은 정어리 등이 있나 잘 살펴서 사게 한다. 땔감으로는 배 만드는 목수가 버리는 나무부스러기가 싸게 친다는 것을 알고 있고, 등불 기름으로는 냄새가 좀 나더라도 고래 기름이 좋다며 그것을 썼고, 판자지붕이 낡아 비가 새는데도 4년간이나 바꾸지 않는 등, 최대한 검약하는 자가 유녀놀음을 하다니 어처구니없는 일이다.

차야온나(茶屋女)와도 놀 수 없을 것 같은 남자가 한껏 멋을 부리고 덴진을 사러 온다. 화대 30몬메는 집안사람 모두가 일해도 닷새 정도가 되어야 벌어들일 수 있는 돈인데, 그래도 유녀를 사는가 보다. 아내가 쓰던 이불이며 모기장까지 잡혀가며 매월 초이틀

집에서 실용적인 목적으로 이용한 방법이다.

9) 가가(加賀;이시카와현 남부)산 쌀은 품질이 낮았다.

10) 류큐(琉球;오키나와)산 쌀은 질이 낮아 값이 쌌다.

에 아게야에 지불해야할 돈을 마련하고 게다가 연중 2회분의 유흥비를 꾸어오고 있다. 그런데도 “다행히 한가하니 돌아오는 중추명월에는 거하게 한번 놀고 싶네”라는 말을 하니, “우선 쌓여있는 계산을 마치고 나서 부탁드립니다”라는 말을 아게야로부터 듣고는 어쩔 수 없이 생각을 접는다. 그러나 다시 돌아올 때쯤 궁리를 하여 “된다면 부디 유녀와 만나게 해주시게. 오늘 계산은 오는 27일이나 28일에 반드시 하겠네. 여기도 돈을 넣어 둘 찬장이 필요하지 않나. 좋은 나무를 골라 하나 만들어주겠네”라고 하자, “저희는 엽전상자만 있으면 됩니다”라며 주인이 건성으로 대답한다. 그러자 이번에는 “이것 보시오. 주인장. 요즘은 어디나 집값이 올랐지요. 우리 동네에서도 얼마 전 작은 집 하나를 2간메에 팔았다오”라고 하자, 주인은 머리를 끄덕이며 “당신은 그 일을 거들며 집주인에게 얼마를 빌렸습니까. 중개를 해서 챙긴 돈도 그다지 없을 테지요”라고 하자, “그 외에 빚은 없으며 당신에게 손해를 입히는 일도 없을 것이오. 하니 달구경할 때는 꼭 유녀와 만나게 해주시게”라고 부탁한다.

기타바마 쌀시장 도매상 앞에서 허리에 색대를 찬 데다이들이 쌀값을 정하기 위해 거래를 하고 있다.『일본영대장(日本永代藏)』1-3에 나오는「입회상」의 정경. 물을 뿌리는 하인들에게는 그것이 성가신 듯하다.

"정말이지 가엾은 다이진이 아닌가. 아게야 쪽에서 부탁해야 할 일을 손님 쪽에서 머리를 숙여가며 부탁하다니 이 얼마나 칠칠치 못한 남자인가. 이런 모양새로 유녀놀음을 하면 무슨 재미가 있겠는가"라며 모두가 박장대소하자, 이 아게야 주인은 진지한 표정으로 이런 말을 한다. "요즘의 다이진 중에 아무런 거리낌 없이 그리고 돈 걱정 없이 마음 편히 유곽에 오시는 분은 넓은 오사카에서 다섯 분도 되지 않을 듯합니다. 나머지는 나중에 큰일이 날 것인데도 개의치 않고 무서운 주선업자에게 증서를 써서 사기와 다름없는 돈을 빌리고 또는 요령 있게 포목을 외상으로 사서 그것을 싸게 팔아넘겨 이곳 아게야의 외상값을 갚기도 합니다. 또는 지불기간에 여유가 있는 약을 사들여 그것을 창고 채로 전당잡히거나 하면서 힘겹게 돈 마련을 하지만, 한번은 반드시 호된 맛을 보게 됩니다. 지금만큼 아게야가 피해를 본 적은 없습니다. 이번이야말로 좋은 손님이라 생각하다가 질 나쁜 수법에 걸려들어 손해를 본 적이 몇 번이나 있었는지 알 수 없습니다. 화대는 말할 것도 없고 야식과 고쇼(御所)감[11]까지 먹고는 그 값을 지불하지 않습니다. 예전의 손님들은 유녀와의 사랑싸움으로 이야기를 주고받았지만, 요즘 손님은 생활형편까지 이야기하기 때문에 유녀도 손님형편을 딱하게 여기며 몬비(紋日)[12]를 부탁하지만 돈을 지불할 때까지 마음을 놓지 못합니다. 어차피 일시적인 만남이라고는 하지만 그래도 유녀는 손님을 딱히 나쁘게 생각하지 않습니다. 그렇지만 돈을 잘 지불하지 않는 손님을 상대하고 있으면 아게야에 대해 볼 면목이 없기 때문에

---

11) 나라(奈良)현 고쇼(御所)시에서 나는 감으로, 감 품종 중에서 가장 풍미가 좋다.

12) 유곽에서 다섯절구(五節句;정월 7일, 3월 3일, 5월 5일, 7월 7일, 9월 9일의 총칭) 및 매월 초하루와 보름을 가리키는 말로, 유곽의 대목이라 할 수 있다.

그것이 싫어 그러한 손님의 결점을 찾아냅니다. '안감에 덧댄 자국이 있는 속옷을 입고 류몬(竜門)[13] 하오리(羽織)에 목면을 넣은 것은 이해가 가지 않네요'라며 유녀와 아게야가 한편이 되어 손님을 다루는 세상이 되어버렸습니다"라고 한다.

이를 생각해보면 요즘 손님들이 심해진 것은 제각각 자신의 분수보다 화려하게 놀이를 즐기기 때문이리라. 여하튼 지금은 진짜 다이진을 찾아볼 수 없다. 옛날에 도유(刀友)라는 다이진이 유녀 쓰마가와(妻川)[14]에게 한번에 30벌의 옷을 만들어 보냈고 후헤이(布平)라는 다이진이 고다유(小太夫)[15]에게 금으로 된 빗 상자를 보낸 일화가 있는데, 이런 통 큰 행동을 지금의 다이진은 할 수 없다. 도마(苫)라는 다이진이 별장을 45간메에 팔고 그 돈을 곧바로 가부키배우에게 쥚어지게 하고는 요시노쥬로헤에(吉野十郎兵衛)[16] 집에서 훌훌 뿌려대었다는 이야기와 지나치게 도락을 즐기다 파산해버린 교쿠이치(玉市)가 붉은 비단안감을 덧댄 기와다조메(黄蘗染)[17] 고소데의 옷자락을 말아 올리고 장작을 패어 팔았다는 이야기, 그리고 센노스케(千之介)[18]를 기적에서 빼내 준 센페에(泉平)가 1몬씩 파는

---

13) 능직물의 일종.
14) 간분(寬文;1661−1673)기 오사카 신마치의 다유.
15) 권2-3 주7) 참조.
16) 초대 요시노쥬로헤에. 오사카의 가부키배우.
17) 황벽나무의 껍질을 염료로 한 황색염색.

식초와 간장가게를 낸 이야기 등은 그 당시는 웃어 넘겼지만 호탕했던 예전의 유녀놀음이 그립기만 하다.

18) 간분(寛文;1661-1673)말년 무렵 신마치의 유녀로 추정. 머리모양과 복장을 와카슈(若衆)처럼 하여 접객을 한 것으로 유명하다(『시키도오카가미(色道大鏡)』3).

사이카쿠가 남긴 선물

권5

유녀가 좋은가 가부키배우가 좋은가

검약은 차야(茶屋)에서

가게마(陰間)[1]의 갖은 기량

구켄초(九軒町)에서의 의지할 곳 없는 신세

우뭇가사리로 생계를 꾸리며

석탑을 만들어준 만(まん)

알 수 없는 것은 유녀가 낳은 아이의 친부, 눈이 멀 정도의 사랑에 모든 것을 잃고[2]

우선은 한죠(班女)[3]의 진심어린 마음씨

그칠 수 없는 유곽출입

소문난 남자

죽지 말라는 충고

어떤 자의 지혜

---

1) 연석의 흥을 돋우며 남색을 파는 소년배우.
2) 권5-2의 본문제목과 상이하다. 단스이(団水)의 가필로 추정된다.
3) 시마바라 가미노초(上之町)의 간바야시고로에몽(上林五郎右衛門) 소속의 다유.

교토도 쓸쓸하기 그지 없도다 아침 공복의 식사메뉴

기치야(吉弥)[4]의 등꽃구경에 큰 파도가 밀려오고[5]
내세를 믿지 않고
우진(宇甚)[6]의 찢어진 종이옷
샤쿠하치(尺八)는 이웃에 해를 주고
불을 피우지 않는 암자

4) 초대는 오오기치야(大吉弥)라 불렸던 유명한 온나가타(女方;가부키에서 여자역을 하는 배우)이며, 엔뽀(延宝;1673-1681)말년에 이름을 이어받은 2대째 기치야도 젊은 온나가타로 이름을 알렸다.
5) 이에 대한 내용은 본문에 보이지 않는다. 기치야가 등꽃구경을 하고 들른 은둔자의 집에서 받은 어마어마한 액수의 고방을 비유한 말인가.
6) 다이진의 이름. 본문 참조.

유녀가 좋은가 가부키배우가 좋은가

권 5-1

유타(油太)라는 다이진이 오사카 도톤보리(道頓堀)의 최고급 차야(茶屋)에서 노닐며 데쓰겐(鉄眼)[1]이 건립한 즈이류지(瑞竜寺)의 중국풍 양식을 유심히 바라보다가 "저 건물을 짓는데 들인 돈이라면 남쪽에서는 도톤보리의 가부키배우놀음을, 서쪽에서는 신마치의 유녀놀음을 즐기며 차야와 아게야의 주인을 기쁘게 해 줄 수 있는데 아무 도움도 되지 않는 불법이 잘도 유행하고 있구나. 이는 신마치 밤풍경의 고마움을 모르기 때문이리라"라며 술을 마시고 있었다. 신마치로 가는 저녁 무렵까지는 잠시 따분한 시간이 남아있

1) 일본 선종의 하나인 황벽종(黄檗宗)의 승려. 간분(寛文)10년(1670) 오사카 신도들의 청으로 나니와(浪速)구 모토마치(元町) 2초메(丁目)에 중국풍 건축양식의 즈이류지(瑞竜寺)를 창건하였다.

었다. 가부키배우를 부르게 되면 적어도 은화 1장이 드니 참아야한다며 돈을 아끼고 있는데, 요발과 징소리와 함께 센니치데라(千日寺)[2]쪽에서 화장하는 연기가 피어오르는 것을 보고는 마음이 바뀌어 "아무나 좋으니 한가한 배우를 불러 놀아야겠다"라며 차야의 주인에게 누구를 부를지 상담을 청했다. 그러자, 주인이 "오늘은 저에게 맡겨주십시오. 오늘은 배우를 부르지 말고 교토에서 올라온 떠돌이 가게마(陰間)를 부릅시다. 손님 분들을 모르는 아이 7,8명 정도를 불러 한번 춤추게 한 뒤 메밀국수를 드시고 목욕을 하면 해가 질 것입니다. 그러면 신마치로 가셔서 밤새 노십시오"라고 한다. 그러자 한 사람이 "배우덕분에 먹고살면서 득도 안 되는 유녀놀음을 권하다니 자신의 처지를 모르는 놈 일세"라는 말을 하자 모두가 크게 웃었다. 이에 "교토에서 온 그 가게마 모두를 불러 한번 보는 것은 재미난 일이지만 유녀처럼 우선 아게야로 부른 뒤 나중에 고를 수 없는 것이 좀 아쉽다"라며 다이진덕분에 공짜로 노는 다이코모치들이 이러쿵저러쿵 말하는 것은 우스웠다.

그러자 주인이 모두에게 "하나하나 불러들일 필요는 없습니다. 여러분이 마음에 드는 아이를 고를 수 있는 방법이 있습니다"라며 안쪽 옷방 문쪽으로 안내했다. 거기에는 여러 가지 종이가 붙어있

---

2) 도톤보리(道頓堀) 시바이우라(芝居裏)의 화장터.

었다. 우선 이마미야(今宮)의 도오카에비스(十日恵比須) 부적[3], 히마치야마부시(日待山伏)의 부적[4], 잘 듣는 눈병약 광고, 매일 한 장씩 떼어내는 달력, 그리고 도톤보리 가부키배우의 품평, 마지막으로 가게마를 소개한 광고지가 붙어 있었다. 이는 가게마를 소개하는 차야의 배려로, 손님이 상대를 고르게 할 수 있도록 가게마에게 딸려있는 젊은이들이 적어서 나누어 준 것인데, 흥미롭기 그지없는 정보였다.

---

3) 오사카 나니와(浪速)구 에비스니시(恵比須西) 1초메(丁目)의 이마미야(今宮)신사는 속칭 이마미야에비스(今宮恵比須)라 하는데, 1월 10일에 열리는 제례는 도오카에비스(十日恵比須)라 하여 오사카 연중행사의 하나이다. 여기서는 그 부적을 말한다.

4) 히마치(日待)란 정월, 5월, 9월의 길일을 골라 해의 신을 숭배하는 민간행사이다. 그 때 신자로부터 쌀과 돈을 받아 절이나 신사에 대신 참배하는 노숙수행승을 히마치야마부시(日待山伏)라 한다. 부적은 히마치야마부시가 절이나 신사에서 받아 온 것을 말한다.

도톤보리의 차야 객실에서 11명의 가게마를 품평하고 있는 장면. 왼쪽 네 명은 다이진. 앞에는 술안주를 담은 찬합과 접시, 오른쪽에 걸쳐 술 주전자, 술 받침대가 그려져 있다. 오른쪽에는 본문과 같이 11명의 가게마가 앉아 있고, 왼쪽 아래에 차야주인이 한명씩을 소개하고 있다. 가게마는 모두 후리소데 모습으로 젊게 그려져 있지만, 나이를 속이고 있어 「싼 게 비지떡」이라고 이들을 상대하지 않는다는 것이 본장의 전개. 위쪽 두 사람은 다이코모치.

「○하나야마 후지노스케(花山藤之介). 나이 14세. 살결이 희며 눈매가 또렷하고 가다유부시(嘉太夫節)[5]를 읊조릴 줄 압니다. ○이와타키 이사부로(岩滝猪三郎). 나이 16세. 춤을 잘 추고 나게부시(投

5) 죠루리부시(浄瑠璃節)의 한 종류.

節)[6]를 잘 부릅니다. 모습은 타고날 때부터 완전 여자 같은 부드러움을 지니고 있습니다. ○유메카와 다이로쿠(夢川大六). 나이 15세. 술을 잘 마시며 여러 명을 상대할 수 있습니다. 즉흥곡에 맞추어 샤미센을 능숙하게 연주합니다. 가게마 중에서도 옷매무새가 좋습니다. ○마쓰카제 코토노죠(松風琴之丞). 나이 17세. 그림자인형을 잘 다룹니다. 그리고 입에서 물을 뿜어 벽에다 글자를 씁니다. 마술은 유명한 시오노초지로(塩の長次郎)[7]를 능가합니다. ○후카쿠사 칸쿠로(深草勘九郎). 나이 17세. 말투는 이전에 가부키 미소년 역으로 유명했던 스즈키 헤이하치(鈴木平八)[8]를 쏙 빼닮았습니다. 아무런 재주는 없으나 잠자리에서의 기술이 좋습니다. ○유키야마 마쓰노스케(雪山松之介). 나이 19세. 성인식을 치른 가게마로 술자리에 앉아있는 모습은 본무대에 서는 배우와 혼동할 정도로 멋있습니다」

이를 본 한 사람이 "정말 마음에 쏙 드는 내용이구나. 모두 값이 같다면 그 중에서도 보라색 모자를 쓴다는 마쓰노스케(松之介)를 사고 싶다"라고 하자, 또 한 사람은 "어지간히 욕심 많은 남자롤세. 상대방이 19세라고 하면 실제나이는 39세나 40세쯤은 될 것이야. 자네는 21살의 다이코모치이지 않나. 노인네와 같은 모기장 속

---

6) 메이레키(明暦;1655-1658)무렵부터 시마바라의 유녀가 부르기 시작한 유행가.
7) 근세 초기 오사카에서 활약한 환술사.
8) 미소년역의 명수인 초대 스즈키 헤이자에몽(鈴木平左衛門)의 문하.

에서 잠잔 것 같은 기분이 들지 않겠나. 잘 모르는 처녀가 나이를 속인다 해도 기껏 두세 살이나 많아도 다섯 살 정도일 것이다. 스무 살이 넘어서도 후리소데(振袖)를 입게 되면 자기가 사는 마을을 떠날 때까지 항상 걸음을 걸을 때도 빨리 걷게 되며, 남 눈을 부끄러워하는 조신함이 남아있게 된다. 그러나 가게마가 나이를 말할 때는 보통 열 살 정도까지 속인다. 교토에서 태어난 아이는 오사카로 오고 오사카에서 태어난 아이는 에도로 가기 때문에 태어난 해를 사람들이 알기 어렵다. 이런 무리들을 상대로 누가 좋다 누가 싫다 해도 소용없는 일이다. 콧대 높은 아이들을 불러 모아놓고 하는 복권 뽑기라 생각하고 부닥치는 대로 놀아보세"라며 11명을 모두 한 줄에 세워놓고 바라보니 재미있는 구경거리가 되었다. 들에 피는 유채꽃처럼, 촌스럽기는 하지만 산뜻한 맛이 있고 화대는 모두 합쳐 2료 3부이니 싸게 치는 셈이다.

작년 가을 무렵 어느 다이코모치가 다이진과 함께 나라(奈良)에 가서 기쓰지(木辻)[9]유곽의 유녀 16명을 고방 4료를 주고 사서는 화려하게 놀았는데, 유흥을 즐기는 방식도 지방에 따라 다르니 참으로 재미있다. "그나저나 싼 것이 비지떡이다. 아무리 싸다고 해도 정말 재미가 없구나". "한시라도 빨리 유곽으로 가야겠네"라며 11명

9) 권3-3 참조.

의 가게마가 한창 춤추고 있을 때 자리를 박차고 나와 신마치스지(新町筋)[10] 동쪽 입구에서 기세 좋게 유곽으로 들어갔다. "요즘 세상에서 내 노라 하는 부자 다이진의 행차시다. 마음에 드는 유녀라면 10년 계약기간이 끝나고 무사히 부모의 품으로 돌아갈 때까지 찾아주실 분이다"라며 다이진의 기를 살려 다이코모치 아홉 명이 다이진을 앞뒤로 에워싸며 떠들어대었으며, 다이진 앞에는 지금 만나고 있는 다유가 보내준, 문양이 들어간 등불이 나란히 길을 밝히고 있다. 아게야에서는 쉴 새 없이 심부름꾼을 보내며 극진한 마중을 한다. "곧 당도하실 겁니다"라며 다이코모치가 먼저 고하고 구겐초(九軒町) 이즈쓰야(井筒屋)[11]로 일행이 차례차례 들어간다. 그러자 다이진이 "나는 원래 아와(阿波)[12]에서는 스테후네(捨舟)라고 불리어졌던 다이진이다. 고향에서는 돈을 쓸데가 없어 기와처럼 쌓아놓고 있었는데, 이를 한 번도 아게야에서는 써 본 적이 없다. 세상구경도 못한 돈이 있다는 것이 분해 일 년에 세 번씩 그 돈을 버리기 위해 오사카에 오는 것이니, 무엇이든 아끼지 말고 아랫사람들까지도 기쁘게 해 주게"라고 했기 때문에 종자가 우선 유녀들에

10) 신마치 유곽은 중앙의 신마치스지(新町筋) 동서로 대문이나 있었다.
11) 신마치 아게야마치(揚屋町) 구켄초(九軒町)의 아게야 이즈쓰야타로에몽(井筒屋太郎右衛門)(『시키도오카가미(色道大鏡)』).
12) 현재의 도쿠시마(德島)현.

게 1부짜리 금화 200닢, 아게야 안주인에게 금 천료, 부엌에서 일하는 하인과 하녀에게도 돈을 뿌려대었다. 이를 보고 지금세상에서는 다시없는 다이진이라며 측근들이 거만하게 떠들어대었기 때문에 "오사카 부근에는 덴구(天狗)가 살고 있는 산이 없으니 다행이지, 있다면 덴구와 분간이 안 가겠네"라며 모두들 돈을 받으면서도 비난하는 것이었다. 돈을 이렇게나 뿌려대어도 이에 놀라는 자는 한 사람도 없었다. 게다가 빈정거리기까지 하며 "유리는 돈을 쓰도록 되어 있는 곳이니 금화 따위는 대수롭지 않은 물건이지요. 이전에 마쓰모토(松本)라는 다이진이 구시로야(久代屋)[13]에서 다마노이(玉の井)[14]님께 아직 친하지도 않은데 모모노셋쿠(桃の節句)[15]라며 아무런 거리낌 없이 금화 백료를 보내신 것을 우리가 본 적이 있지요. 요즘 세상은 돈이 잘 돌지 않으니 달랑 고방 1료라도 두 번 세 번 감사하게 받는 것이지만요"라며 손님을 접대하는 하녀들이 늘어서서 코웃음을 친다. "어차피 유녀놀음의 종국은 돈인데, 그 돈을 쓰는 방법이 문제이다. 그다지 돈을 쓰지도 않으면서 마음먹은 대

---

13) 신마치 시모노초(下之町)에 구시로야쿠로헤에(久代屋九郎兵衛)와 구시로야사쿠헤에(久代屋作兵衛)라는 두 유녀집이 있었다(『시키도오카가미(色道大鏡)』).

14) 미상.

15) 삼짇날로 여자아이들을 위한 행사가 이루어졌다. 유곽에서는 대목 중의 하나였다.

로 여자들을 재미있게 해 주는 다이진이 있는가하면, 이 다이진처럼 돈을 마구 쓰면서도 평판이 좋지 못한 것은 돈 쓰는 방법이 잘못되었기 때문이다"라며 다이코모치들도 지금은 이 다이진에게 붙어 있지만, 장래를 믿지 못했다.

예상했던 대로 스테후네는 3년도 채 되기 전에 고향으로 물러갔다가 무일푼이 되어 다시 오사카로 올라왔다. 그가 의지한 곳은 넓은 오사카에서도 나가호리(長堀)[16] 북쪽 신마치 유곽 뒤편의 같은 고향사람 집이었다. 그 고향사람은 빚 때문에 야반도주하여 이곳 뒷골목 셋집에 살며 우무의 재료인 우뭇가사리 말리는 것을 삯일로 맡아 겨우겨우 생활해 나가고 있었다. 그런 형편인데도 겨우 이 남자에게 부탁하여 이 집에 들어와 살며 밥을 축내었다. 그런데 이 남자집 바로 뒤편이 신마치에서도 가코이죠로들만이 출입하는 하급 아게야가 있는 요시와라마치(吉原町)[17]였다. 그 아게야에서는 가코이죠로들이 모여 낮이 되기 전부터 한밤중까지 손과 목청이 지칠 때까지 샤미센을 연주하며 노래했는데, 그것은 화대 17몬메만큼의 아우성으로 들렸다.

---

16) 신마치 바로 남쪽의 수로.
17) 나가호리 북측에 접해있는 신마치유곽 내의 요시와라마치(吉原町)는 한쪽만 집이 늘어서 있는 길로, 아게야가 몇 채 있었다. 주로 하급유녀들만이 출입하는 곳이었다.

옛날에는 저 정도의 유녀가 웃음을 지어보이는 것도 싫었지만, 지금은 관심이 가 발이 말아 올려진 아게야 2층에서 손님이 유녀에게 수염을 뽑게 하고는 꾸벅꾸벅 졸고 있는 즐거운 모습을 진심으로 부러운 듯 바라보는 것이었다. 한창 이름을 날릴 때는 칠석날 60료의 돈을 뿌리며 놀았는데 저 남자는 오늘 20몬메도 채 들이지 않고 놀고 있으니 유녀놀음의 즐거움에는 다를 바가 없는가 보다. 가코이죠로를 상대했더라면 3대까지 이어졌을 재산이, 다유와 놀았기 때문에 의외로 빨리 줄었다는 것을 깨달았지만 이제 와서 무슨 소용이 있겠는가.

스테후네 다이진은 초라한 집 창으로 매일 사람들이 노는 모습을 바라보며 지내고 있었는데, 점차 생활이 어려워져 매일 밤 줄타기 인형을 만들어 다음날 팔아서 생계를 이어가는 불안한 신세가 되었다. 가난만큼 사람의 마음을 변하게 하는 것은 없다. 그러고 나서는 고우타(小唄)나 샤미센도 싫어져 높은 담 너머의 유곽에 대한 관심도 버리고 어떻게든 떡국을 먹고 새해를 맞고 싶다는 염원으로 3년 정도 어려운 생활을 하다가 37세가 되던 12월 9일에 세상을 떠나고 말았다. 가엽게도 수의도 입지 못하고 새끼줄로 묶은 관은 도톤보리 화장터로 보내져 다른 시체와 한데 뒤섞여 겨우 화장되었다. 그 후 지쿠린지(竹林寺)[18]에 「산요후세쓰(山誉風雪)」라고 새긴, 은

화 2장 정도를 들여서 세운 석탑이 생겼다. 가까이 가서 시주한 사람을 보니 에치고마치(越後町)[19]의 만(まん)이라고 적혀 있었다. 어느 유녀가 세웠는지 마음씀씀이가 착하기만 하다. 이 유녀는 석탑을 세운만큼의 돈을 반드시 생각하지도 못한 곳에서 받을 것이리라.

18) 오사카시 주오(中央)구 센니치마에(千日前)에 위치한 정토종 사찰.
19) 신마치유곽 내의 사도시마초(佐渡島町)의 서쪽 한 구역을 말한다.

알 수 없는 것은 그 부모

권 5-2

취향이 남달라 일반사람들이 좋아하지 않는 것이 혼테(本手) 고우타(小唄)[1]이다. 에도 반초(番町)[2]에 사는 어떤 사람이 여덟 줄을 건 샤미센을 동체와 같은 길이로 만든 기러기발로 연주하는 숨은 재주를 가지고 있었는데, 정말이지 들어본 적이 없는 음곡이었다. 이는 배우 사쿠야 쿠헤에(作弥九兵衛)[3]로부터 배운 연주법인데 사쿠야가 고인이 되어버린 지금은 완전히 잊혀져버렸다. 〈떠난 자

1) 혼테구미(本手組)의 고우타. 혼테구미는 가장 오래된 샤미센곡 형식으로, 고아한 정취의 곡이다.
2) 현재의 치요다(千代田)구 1반초에서 6반초까지의 지역으로 에도시대에는 하타모토(旗本;장군가에 직속된 무사로 봉록 만석 미만 500석 이상인 자)) 들의 저택이 모여 있었다.
3) 간분(寛文;1661-1673)・엔뽀(延宝;1673-1681)기에 에도에서 활약한 가부키 배우.

는 세월이 가면 잊혀지게 된다〉라는 속담처럼 되어버린 것이다. 이런저런 이유로 이 세상을 빨리 떠나고 싶어 하는 사람들이 있는데, 정말이지 무분별하다고 할 수 있다. 극락에 가서 채식을 하고 엄격한 부처를 모시는 것 보다는 가다랑어 회를 안주삼아 밤새 술을 마시고 만담을 듣고 웃으며 지내는 것이 더 낫다. 다이코모치인 죠토시(城俊)는 자신이 직접 본 것은 아니지만 요시와라에서 생기는 소문을 많이 알고 있었다. "내가 지금 아끼고 있는 다유가 오랫동안 틀어박혀 일을 나오지 않는 이유를 알고 있느냐"라며 후카가와(深川)의 스케로쿠(助六)라는 다이진이 죠토시에게 묻자, "그건 나리, 수태를 했기 때문입니다"라고 한다. "누구한테 들었느냐. 필시 이 후카가와 스케로쿠의 아이라고 단정 짓고 있다고 하던데." "그건 지레짐작일 수 있습니다. 뱃속의 아이가 여자아이라면 주판을 들고 나올 것이며, 남자아이라면 못 쓰는 종이로 철한 장부를 들고 태어나겠지요"라고 하니 "그럼 상인 다이진의 아이인가"라고 묻자, "아닙니다. 인색한 환전상의 아이입니다. 당신도 같은 다유를 만나고 계시니 두 사람은 형제나 다름없는 사이. 전혀 관계가 없다고는 할 수 없겠지요"라고 한다.

이 말에 모두가 웃으니 스케로쿠가 "그 환전상 다이진도 기부를 하지 않을까"라는 말을 꺼냈다. 이에 모두가 무슨 말인가 하고 귀를 기울이니 "자, 이 죠토시에게 고토(勾当)[4]를 맡깁시다"라며 큰 돈을 선뜻 내놓았다. 죠토시는 꿈인가 기뻐하며 관위를 청하기 위해 에도를 출발해서 우쓰노야(宇津谷)고개[5]를 넘어갔는데, 도중에 아는 교토 사람을 만난 것도 반가웠다[6]. 매일 여행을 계속하여 오사카(逢坂)산[7]에 도착했다. 이곳은 맹인 세미마루(蝉丸)[8]가 속세를 피해 은둔했다고 전해지고 있는데 그것도 아주 옛날일이 되어버렸다. 같은 맹인으로서 겪는 괴로움을 이해할 수 있었기에 한층 세미마루가 생각나서 눈물이 났는데, 보이지 않는 눈에서 흘리는 눈물은 저절로 세미마루를 향한 공양이 되었다. 비파를 잘 탔다는 그 사람의 연주소리도 지금은 들을 수 없다. 그 비파라는 이름을 가지고 있는 오우미(近江)호수를 뒤로 하고 죠토시는 아직 해가 지기 전에 교토에 도착하여 산죠(三条)의 아무개라는 사람의 집에서 여장을 풀었다. 관위를 청원하기에 좋은 날을 고르고 있자니 교토의 다이진이 다유 요시노(吉野)[9]를 만날 때의 흥을 돋우고자 "함께 가지 않

---

4) 맹목의 관(官)의 하나. 겐쿄(検校)보다는 아래이고 자토(座頭)보다는 상위직이다.
5) 현재의 시즈오카(静岡)시와 그 서쪽에 이웃한 오카베초(岡部町)의 경계에 있는 산.
6) 이 장면은 『이세모노가타리伊勢物語』9단을 연상시킨다.
7) 오쓰(大津)시 남부에 있는 산.
8) 우다(宇多)천황의 제8황자로, 맹목으로 비파를 잘 타고 오사카산 근처에 은둔했다고 한다.

겠나"하고 말을 걸어왔기에 죠토시는 그를 따라 동쪽도 서쪽도 분간을 못한 채 계속 가자니, 「아쉬움이 남는 슈자카(朱雀) 오솔길」[10] 이라는 노래에 나오는 시마바라 입구에 당도했다. 도중에 만난 다유의 이름을 죠토시가 묻자, 간바야시(上林)가 데리고 있는 가오루(薫)[11]라 한다. 이는 우지(宇治)에서 차를 만드는 사람과 같은 이름이었다. "명품차 하쓰무카시(初昔)처럼 필시 맛이 좋겠지. 정말이지 이 눈으로 볼 수 있다면 한번 보고 싶네. 고운 목소리만 들려주니 야속하기만 하네"라며 마루야(丸屋) 시치자에몽(七左衛門)[12]으로 갔다. 요시노(吉野)를 비롯하여 모든 유녀들이 우아하게 손님접대를 하는데 정말이지 정이 깃들어있으며 상냥한 모습이 에도 요시와라와는 판이했다. 술기운이 돌며 잔이 죠토시 앞으로 오니 이를 받아들고 고민을 한다. 이에 한죠(班女)[13]라는 다유가 보다 못해 대신 마셔주었다. 죠토시는 한죠의 행동이 너무나 고마워 그 자리에서 반해버렸다. 솟아오르는 감정을 주체하기 어려워 앞에 놓인 굴국도 제대로 삼키지 못할 지경이었다. 날이 밝아 한죠가 아게야에서 돌

9) 권4-2 주4) 참조.
10) 에도시대 유행가 나게부시(投節)의 일절.
11) 시마바라 가미노쵸(上之町)의 간바야시고로에몽(上林五郎右衛門) 소속의 다유로, 5대째 가오루.
12) 시마바라 아게야마치(揚屋町)의 아게야 마루야시치자에몽(丸屋七左衛門).
13) 151쪽 주3) 참조.

아가는 것을 기다리고 있다가 사람을 시켜 마음을 전하고 간신히 인연을 맺으니, 사람의 일이란 참으로 알 수 없는 것이다. 그런 다음부터는 남의 눈을 피해 한죠를 만나러 다녔기 때문에 에도에서 받은 고방은 물론이고 그것을 싼 종이마저도 남아있지 않게 되었다.

후시미 분고다리에서 몸을 던지려고 손을 모으고 있는 맹목의 다이코모치 죠토시. 다리 난간에는 지팡이가 걸쳐져 있다. 이를 막기 위해 달려오고 있는 것은 사사야의 아무개와 어린 하인. 죠토시는 사사야에 의해 구해진다.

일이 이렇게 되자 죠토시는 관위에 대한 희망을 접어버렸지만 그렇다고 이대로 에도로 돌아갈 수도 없어, 결국은 몸을 쉴 곳도 없는 신세가 되어버렸다. 하지만 조금도 후회하지 않고 한죠를 만날 수 없는 처지를 비관하며 "이 세상에 살아있기에 이런 괴로움을 당하는 것이다. 극락정토로 가야겠다"라는 각오를 다졌다. 그리하여 우지(宇治)강 근처 후시미(伏見)로 가서 해질 녘까지 방황하다가 로쿠지조(六地蔵)[14]를 지나 분고(豊後)다리[15]를 반쯤 건너다 이곳을 죽을 장소로 정했다. 한죠에게서 받은 추억의 쥘부채에 무상의 바람이 불어오는 해질 무렵, "한죠와 잠자리에서 나누었던 정은 죽어서도 잊을 수 없을 것이다. 강물아, 너에게도 인정이 있다면 지금 던지는 이 몸을 소용돌이에 묻어버려 내 모습을 두 번 다시 사람들에게 보이지 않게 해 다오"라며 두 다리를 나란히 하여 물 속으로 뛰어들려 했다. 그 때 죠토시를 아는 사사야(笹屋)의 아무개가 다리를 지나가다 "왜 이런 짓을 하는가"라며 말리고는 다리근처에 있는 작은 차야로 데리고 갔다. 죠토시에게 일부시종을 말하도록 하여 듣고는 그 자도 동정의 눈물을 흘리며 "사랑도 살아있어야 할 수 있

14) 교토시 후시미(伏見)구 모모야마초(桃山町) 니시마치(西町)에 있는 다이젠지(大善寺)의 속칭.
15) 우지(宇治)강 본류를 가로지르는 다리로, 후시미에서 남쪽 강가인 무카이지마(向島)에 걸쳐져 있다.

는 법. 잠시 교토에 몸을 숨겨 남의 기분을 맞추며 살다보면 관위도 사랑도 손에 넣을 수 있을 것일세"라는 지혜로운 충고를 해주고는 세상에 알리지 않고 몸을 숨겨 주었다.

그런데 누가 이 사실을 알렸던 것일까. 가리가네야(鴈金屋)의 리에몽(利右衛門)이라는 다이코모치를 비롯한 사람들이 알리지 말아도 될 것을 한죠에게 알려버렸다. 보통사람과는 달리 맹인이었기에 한죠는 죠토시가 영락해버린 사실을 슬프게 생각하며 자기가 입던 고급옷가지와 자잘한 도구들을 돈으로 바꾸어 몰래 사람을 시켜 관위를 받을 수 있는 사전준비를 해 주었다. 그러자 죠토시는 "말도 안 되는 일이다. 절대 받을 수 없다"며 갑자기 교토에 사는 것도 싫어져, 후시미(伏見)에서 오사카행배를 타고 기타바마(北浜)에서 내렸다. 아무데도 의지할 곳 없는 이 맹인법사는 입고 있는 얇은 옷 위로 이슬과 서리를 맞으며 한층 가을의 추위를 느꼈는데 이를 불쌍하게 여긴 사람도 있었는가 보다. 재주만 있으면 입에 풀칠을 할 수 있는 법. 죠토시는 이후 허전한 사랑노래를 샤미센 반주에 맞추어 부르고 다녔는데, 맹신(盲神)[16]이 인도하신 덕분일까. 지금은 성실하게 살며 색정에는 완전히 마음을 돌렸다.

---

16) 세키(関)의 신 세미마루(蝉丸)를 일컫는다.

권 5-3

교토도 쓸쓸하기 그지 없도다 아침 공복의 식사메뉴

신분에 맞게 놀면 하늘도 벌하지 않는다. 옛날부터 보고 들은 이야기인데, 오사카의 우진(宇甚)이라는 다이진은 한 번도 세탁한 옷을 입지 않고 새 옷만 입었는데, 지금은 찢어진 종이옷을 입고도 감기에 걸리지 않는다. 시초(紙帳)라는 다이진은 부처를 아주 싫어했는데 사랑 때문에 출가를 결심하고는 부인과 첩까지도 비구니로 만들어버렸다. 교토의 하나사키(花崎)라는 다이진은 승려로 사는 것은 오히려 귀찮다며 쥬라쿠(聚樂) 근처에 은둔해버렸는데, 유녀놀음에 질린 것은 아니고 스스로 판단하여 주색놀음을 그만 둘 시기를 안 것이라 여겨진다. 이와 같이 색정이란 그 한계를 알 수 없는 법이다.

나카(中)라는 가쇼마치(過書町)[1]에 사는 다이진은 한창 나이

1) 오사카 주오(中央)구 기타하마(北浜) 남쪽에 근접한 구역.

에 은둔하여 "이런 즐거움이 있다는 것을 지금까지 몰랐다니 깨달음이 늦어서이다"라며 화살촉처럼 가늘게 1년분의 생활비를 3간메로 줄여서 생활하고 있다. 예전의 화려했던 생활을 떠올려보면 무슨 재미가 있겠는가. 저택을 팔기 전이었다면 세상 사람들도 지혜롭게 처세를 한다고 생각했을 것이다. 지로(次郎)라는 다이진의 나가마치(長町)[2] 별장은 이상하게 영락하고 나서도 남아있다. 그래서 지로는 배우의 조리토리인 가쿠나이(角内)나 추헤에(忠兵衛), 히게노한에몽(髭の半右衛門) 등을 이야기상대로 삼아 재미있는 나날을 보내고 있었다. 퉁소를 잘 불며 세상을 하늘을 나는 바람처럼 유유자적하게 살고 있었다. 같은 값이면 여자가 쓰는 빗을 머리에 꽂고 오글오글한 붉은 비단 고시마키(腰巻)를 두른 약간 어리광기가 있는 가부키소년배우를 불러서는, 그 배우가 색칠한 기둥에 기댄 채 좋아하는 사람을 바라보며 높은 목소리로 "요시노산에 눈이 내렸나 하고 보니"라는 노래를 부르자 중간에 퉁소로 반주를 해주었는데, 새삼 매력 있고 듣기에 좋았다. 쓰카구치(塚口)[3]라는 부자가 덴노지(天王寺)에 몸을 숨긴 것도 쇼토쿠(聖德)태자[4]처럼 자손을 남기

---

2) 현재의 주오(中央)구 니혼바시스지(日本橋筋)를 말한다.
3) 『일본영대장(日本永代蔵)』 권1-3에 나오는 미도스지(御堂筋)의 부호 쓰카구치야(塚口屋)를 이르는 말일 것이다.
4) 덴노지(天王寺)를 창립한 것으로 알려져 있는 쇼토쿠태자가 자손이 끊기기를 원했다는 사실은 『쓰레즈레구사(徒然草)』를 비롯한 다른 문헌에 산재한다.

는 것을 싫어해서가 아니다.

사람의 마음은 제각각 다르고 사는 방식도 천차만별이다. 배우 사카타 도쥬로(坂田藤十郎)[5]가 주머니사정도 생각하지 않고 은화 10장을 내어 오오쓰(大津)의 두루미를 사서 평소의 술안주로 삼은 것도 에도의 고메가시(米河岸)[6]에 있는 사가미야(相模屋)라는 다이진이 시바(芝) 니시쿠보(西久保)[7]에 몸을 숨기고 에신(惠心)[8]이 만든 불상을 팔아 그 돈으로 바로 다유 지토세(千歲)를 사서 논 것도 대단한 마음이라 할 수 있다. 기치야(吉彌)라는 가부키배우가 노다(野田)[9]의 등꽃을 구경하고 돌아오는 길에 후쿠시마무라(福島村)[10]에 숨어사는 사람을 찾아가니, "초라한 살림이다보니 딱히 드릴 것이 없습니다. 갖고 싶은 거나 사십시오"라며 고방 500료를 기치야에게 주었다. 직업이 배우이다 보니 멋스러운 물건은 다 갖추고 있을 터. 산다면 집이 가장 좋을 듯 하다.

---

5) 초대 사카타 도쥬로. 엔뽀(1673-1681)・겐로쿠(1688-1704)기 가미카타(上方) 가부키 최고의 명배우.
6) 주오(中央)구 니혼바시(日本橋) 이세마치도오리(伊勢町通)의 수로였던 이세마치호리(伊勢町堀) 서쪽 강가를 속칭하는 말이다.
7) 도쿄 미나토(港)구 아타고야마(愛宕山) 서쪽과 아자부(麻布) 고지대 일대.
8) 헤이안(平安) 중기의 천태종의 명승.
9) 지금의 오사카시 후쿠시마(福島)구의 노다. 등꽃의 명소였다.
10) 노다(野田) 동쪽에 접한 후쿠시마(福島)구 후쿠시마.

아무리 은둔자라고는 해도 비나 이슬을 맞고는 지낼 수 없는 것인데, 비리코쿠(備利國)라는 자는 어떻게 집도 없이 지냈을까.

그 무렵 비리코쿠는 교토의 부자친구들과 함께 조석을 함께 하며 놀았는데 부자들이 보내주는 돈으로 히가시야마(東山) 지온인(知恩院)[11]앞 시가지근처에, 앉은 채로 산봉우리와 계곡을 조망할 수 있는 집을 빌려 편하게 지내고 있었다. 그런데 어느 날 비리코쿠는 "이제는 이런 생활도 귀찮아졌으니 자네들이 매일 돌아가며 은화 2몬메 1부씩 주시게. 그렇게 해 준다면 다른 바람은 없네"라는 말을 꺼냈다. "왜 그러는가"라고 묻자 "기온(祇園)[12]에 있는 도시락 가게에 주문하여 내 도시락값을 1몬메 3부, 하인 것을 8부로 정해 놓으면 아침저녁으로 그릇을 씻을 필요도 없으므로 이만큼 간편한 생활도 없지"라고 했기 때문에 원하는 대로 해주었다. 그의 초암에는 작은 솥만 하나 있어 손님이 찾아오면 그것으로 물을 끓여 미숫가루를 타서 대접할 뿐 다른 것은 내놓지 않았다.

어느 때, 오사카의 모리고로(森五郎)와 쓰바사부로(鍔三郎) 등의 다이진이 때 이르게 핀 벚꽃을 구경하러 교토로 와서 야마토(大和)다리[13] 근처의 아는 차야에서 놀았다. 그 곳에 교토에서 당시 이

---

11) 정토종 진서(鎮西)파의 총본산. 히가시야마 제일의 경승지이다.
12) 교토 야사카(八坂)신사 부근의 지명으로 유리(遊里).
13) 사쿄(左京)구 기타시라카와(北白川) 산중에서 시작되는 시라카와(白川)는

름난 차야 히시야(菱屋)의 기치(吉)[14]보다도 예쁜 차야여자를 불러, 악기를 연주하게 하고 노래도 부르게 해 보았는데 아무래도 시마바라의 아케보노(曙)를 따라오지는 못했다. 아침 일찍 일어나 여자들과 헤어져 대충 세수를 하고 이를 닦다가 문득 비리코쿠가 떠올라 그의 집을 찾아갔다. "어서 오시게"라며 비리코쿠는 문을 열고 모두를 반겨 맞았다. 오사카나 교토에서 있었던 일을 비롯해 세상 돌아가는 이야기를 한참 하며 근처 산의 소나무에 닿을 만큼 호탕하게 웃었다. 곧 아침 해가 밝자 이집 주인은 재치 있게 "여기서 아침을 드시오"라고 한다. 그러자 모두가 사양하며 "신경 쓰지 마시게"라고 해도 억지로 가지 못하게 잡았기 때문에 "그렇다면 술로 조미한 밀기울 한 가지면 족하오"라고 하자, 비리코쿠는 벼루를 꺼내 와 "모처럼 교토에 왔으니 마음껏 드시게. 무엇이든 좋으니 좋아하는 메뉴를 말해 주시오. 우선 내 취향부터 말하자면 국건더기는 잘게 다진 쑥부쟁이와 종다리로 하고, 구이는 세타(勢田)[15]산 고급 장어를

당시에 산죠(三条) 시라카와(白川)다리를 거쳐 지온인(智恩院) 문전을 거쳐 산죠(三条)와 시죠(四条) 사이에서 가모가와(鴨川)로 합류했다. 아마토(大和)다리는 시라카와스지(白川筋)에 있는 야마토(大和)대로에 걸쳐져 벤차이텐초(弁財天町)에서 도키와초(常盤町)로 통했다.

14) 이시가키마치(石垣町)의 차야 히시야로쿠자에몽(菱屋六左衛門) 소속의 차야온나(茶屋女) 기치(吉). 미색으로 소문이 나 있었다.

15) 시가(滋賀)현 오오쓰(大津)시의 지명. 세타(勢田)산 장어는 장어 중에서도 맛이 좋기로 유명하다.

권하겠네. 거기에 알이 찬 붕어조림이 있으면 좋겠지. 하지만 이렇게 하면 민물고기가 많이 들어가니 껍질 벗긴 도미 나마스를 넣도록 하고. 그렇지. 깜빡했네. 호리카와(堀川)[16)]산 굵은 우엉 조림을 넣어야지. 이정도면 괜찮겠지"라며 메뉴를 적고, "후식은 적당한 것으로 해서"라는 글을 덧붙인다. 그리고 손님과 식구 수를 세고는 "이 메뉴로 6인분을 조금이라도 빨리 보내도록 단골 차야에 가지고 가거라"라고 하인에게 적은 종이를 건넸는데, 하인은 모르는 척하고 부젓가락을 왼손에 들고 향 그림을 그리고 있다. "이제 보니 너도 약사여래상에 토기를 걸고 귀가 낫도록 빌고 있었단 말인가[17)]" 라고 하자, "귀에는 이상이 없지만 차야에 평소에 밀린 돈이 있어 이전부터 나리와 제 밥값을 가져오라는데 이런 접대용 도시락을 주문해도 돌아오는 답은 마찬가지일 것입니다. 받아들일 리 없습니다"라며 자신의 주인을 노려보며 말했다.

---

16) 교토(京都)시 서부의 지명.

17) 귓병을 앓는 자는 조약돌이나 토기에 구멍을 뚫고 그것을 줄로 연결하여 약사여래불전에 걸고 완쾌를 비는 습속이 있었다.

오사카에서 온 놀이친구들 앞에서 거드름을 피우며 조식메뉴의 주문을 적고 있는 비리코쿠. 출가승 모습이다. 네 명 중 누가 모리고로(森五郎) · 쓰바사부로(鍔三郎)인지는 알 수 없음. 하인은 질린 듯 한 모습으로 방 쪽을 보지 않고 작은 솥에 물을 끓이고 있다.

이를 지켜보던 손님들은 모두가 큰 웃음으로 어색해진 분위기를 얼버무리고는 "자, 우리가 묵는 데로 가자"라며 비리코쿠를 꾀어내어 아침밥을 먹었는데 이미 사경(四更)이 지나있었다.

이 법사는 원래 미식가여서 간이 맞니 맞지 않으니 불평을 하며 “오사카에서 먹었던 삼치는 찌거나 구워도 이것과는 확연하게 달리 싱싱했다”라며 전성기였을 때를 지금도 잊지 않고 있으니 아직도 꿈속에서 사는 듯했다. “정말이지 모든 것을 다 해 보고 법사가 되어버린 이 남자에게는 이 정도도 좋은 음식일 텐데”라며 모두는 방금 먹은 음식이 다 소화될 정도로 웃었다.

이 법사도 예전에는 오사카 신마치에서도 이름 높은 후지야(藤屋)의 다유 아사즈마(朝妻)[18]에게 구마노(熊野)의 우왕(牛王)부적 아홉 장을 이은 서약서를 쓰게 했는데, 그것도 지금은 부싯돌상자의 부싯깃 대용으로 쓰이고 있을 것이다. 정말이지 캄캄한 밤에 소를 끌어내듯 느긋하게 낮잠을 즐기며 다른 사람이 깨워도 눈을 뜨지 않았으나, 그래도 메꽃이 한창일 때는 가끔 그것을 바라보는 적은 있었다고 한다. 이런 남자도 죽었을 때는 역시 하얀 수의를 입혀 장례를 치러주었다고 교토 사람들이 말했다. 나무아미타불, 나무아미타불.

---

18) 오사카 신마치 사도지마초(佐渡島町)에서 후지야(藤屋)라 칭해졌던 사도지마야칸에몽(佐渡島屋勘右衛門) 소속의 다유. 『호색일대남(好色一代男)』권 6-2에도 등장.

이 「오키미야게(置土産)」 5권 책은 오사카 하이카이(俳諧)문단의 니만오(二萬翁)[19] 사이카쿠(西鶴)에 의해 쓰여졌다. 아아, 스승이시여. 하이카이 세계에서 노니셨을 때는 스미요시(住吉) 소나무에 천년동안 이름을 남길 독음(獨吟) 2만 3천구를 읊으시더니 소설을 쓰시자 이 또한 따라올 자가 없다. 애석하게도 그 이름은 남았지만 몸은 52살을 끝으로, 올해 중추 8월10일 달과 함께 서쪽 하늘로 사라져 버렸다. 이 책은 마지막 병마와 싸울 때 집필한 것이기에 참으로 그리운 생각이 든다. 나와 같은 생각을 하는 사람도 있으리라 생각하여 판목에 새겨 세상에 내보내기로 했다. 그중에서도 3권에서 4권까지는 자필원고인 것이 반갑기 그지없어, 다시 쓰지 않고 출판하기로 했다. 정말이지 깊은 못에서 나는 학 울음소리가 천하에 울려 퍼진다는 것은 이 분을 두고 하는 말인 것 같아 서슴없이 붓을 잡게 되었다.

19) 13쪽 주3) 참조.

사이카쿠가 남긴 선물

초판인쇄 2011년 12월 20일
초판발행 2011년 12월 30일

저　　자 나니와(難波) 사이카쿠
번 역 자 김임숙
발 행 처 제이앤씨
발 행 인 윤석현
마 케 팅 김형열
등　　록 제7-220호

주　　소 서울시 도봉구 창동 624-1 북한산현대홈시티 102-1206
전　　화 (02) 992-3253 (대)
전　　송 (02) 991-1285
전자우편 jncbook@hanmail.net
홈페이지 http://www.jncbms.co.kr
책임편집 이신

ISBN 978-89-5668-833-6 03830　　　　**정가** 10,000원